나를 파는 영업의 기술과 개인 브랜딩 전략

불황에도 잘나가는 사람들의 영업비밀

유장준 지음

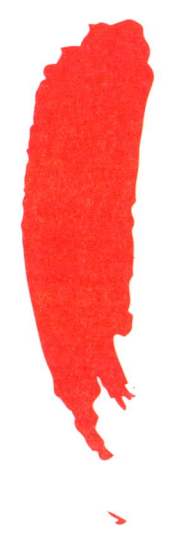

당장 때려치고 싶은 영혼없는 **직장인**과,
다시 회사 갈까 망설이는 **프리랜서**에게
세일즈 컨설턴트가 전하는 생존 경험담!

그린스푼미디어

저자소개

유장준 저자는 글로벌 기업과 스타트업계에서 현장지휘관으로 조직을 이끌어 왔다. 소프트뱅크커머스, 한국내쇼날인스트루먼트, 휴렛팩커드, 오라클 등에서 세일즈와 마케팅을 담당했고, (주)벤디스 영업이사로 식권대장의 영업 시스템을 구축하고 시장을 확대해 네이버, 우아한형제들, KDB산업은행으로부터 시리즈 A 투자 유치의 주역으로 활약했다. 오랜 직장 생활 끝에 마흔이 되는 순간, 가슴 뛰는 삶을 살고 싶어 세일즈 컨설턴트로 독립하였고 직장 때보다 모든 면에서 만족하며 살고 있다. 현재 스타트업세일즈연구소 소장으로서 창업가와 스타트업 임직원 대상으로 세일즈와 마케팅 컨설팅을 하면서, 동시에 가천대학교 겸임교수, 세일즈매거진 편집장 등으로 활약하며 자신의 브랜드를 계속 키워가고 있다.

- 스타트업세일즈연구소 http://startupsales.co.kr
- 세일즈매거진 http://salesmagazine.net
- 이메일 jjyoo@startupsales.co.kr
- 연락처 070-7847-9076

머리말

불황의 시대. 많은 사람들이 고통스러워 한다. 직장인들은 회사 그만두고 싶다고 아우성이고, 반대로 배고픈 프리랜서들은 다시 직장으로 돌아가겠다고 아우성이다. 고민은 여러 가지로 표현되지만, 궁극적인 문제는 바로 '일'이다. 나의 일. 직장인이냐, 사업가냐, 1인기업이냐 신분이 중요한 게 아니라, 업이야 말로 가장 중요한 것이다. 그러나 사람들은 직장이나 타이틀에만 관심이 있지 자신의 일에 대한 깊은 고민은 소홀히 한다.

행복감, 자존감은 나 자신의 일로부터 나온다. 일과 나를 일치시키면서 주도적으로 개인 브랜딩을 구축하고, 소비자들과의 고객접점을 잘 파악하여 영업력을 발휘한다. 브랜딩과 영업력. 불황의 시대에 이 두 가지 능력이 특히 힘을 발휘한다. 저자의 실제 경험과 풍부한 사례를 통해 이 시대의 생존 전략을 제시하고 있다. 오늘도 헤매고 있는 대한민국 경제 주체들을 위한 필독서다.

2020년 3월 서울의 사무실에서

목차

CONTENTS

불황에도
·
잘나가는
·
사람들의
·
영업비밀

01

불황에도 잘나가는 사람들의 비밀

이제 영화 보는 사람 말고 찍는 사람이 되자	012
불황의 시대 무엇을 준비해야 하나?	015
나의 경력을 브랜드로 승화시키는 방법	019
내 직업이 마음에 들지 않는다면?	023
내 전문 분야에 대해 책 한 권쯤은 쓸 줄 알아야죠!	026

02

나만 존재하는 전문 분야를 선점하라!

연필 한 자루 깎을 때마다 10만원씩 버는 사람	032
의사 때려치고 기자 했더니 성공이 따라왔다.	036
어린이 천문대 사례로 보는 시장 세분화	038
골프 못 치는 사람들을 위한 골프공, 크롬소프트	042
시장의 수요가 먼저다 욕망은 나중에 챙기자.	045

CONTENTS

불황에도
·
잘나가는
·
사람들의
·
영업비밀

03

콘텐츠 마케팅으로 개인 브랜드를 구축하라!

구글의 첫 페이지에 검색이 되어야 한다.	050
문과라서 죄송합니다? 아니, 이과라서 죄송합니다.	054
콘텐츠 마케팅, 주요 주제를 다뤄야 할까?	057
어떤 채널로 고객을 유인해야 할까?	063
잠재 고객을 발굴할 수 있는 채널들	065
인바운드 마케팅, 홈페이지가 우선이다.	071
적은 돈으로 페이스북 광고하기	074

04

비대면 접점으로 대중들과 소통하라!

마케팅 4.0 시대, 소비자들과 상시 연결되어라!	082
비대면 채널이 매출을 올려준다.	084
고객 연결 접점의 중심, 홈페이지와 이메일	088
이메일, 24시간 이내로 답신하라!	090
뉴스레터 전성시대, 메일침프	092
한국에서 사업한다면, 카카오톡 채널은 필수	097
모바일 설문조사, 와이즐리 만큼만 하세요.	102
고객 대응은 기민하게, 클라우드 스토리지	104

05 생존력은 영업력으로부터 나온다.

마케팅의 한계, 영업으로 극복하라	110
커피 싫어하는 사람에게 커피 팔기	113
동종 업계의 선배를 만나러 가자	116
고객 발굴? 닥치고 전화기를 들어라!	119
잠재 고객을 찾는 적극적인 방법	123
잘 나가는 공인중개사의 작은 차이	128
절대 먼저 등을 돌리지 말아라	131
견적을 잘 해야 돈을 번다.	133
구매 확률을 높이는 가격 / 판매 전략	143

06 경제적, 시간적 자유를 얻는 스마트한 방법

나의 콘텐츠가 돈을 벌게 하라	150
전문가의 책 쓰기, 이렇게 하면 된다.	156
애드센스, 유튜브 광고 수익	161
업무의 생산성을 높여주는 스마트 도구들	163
탁월한 사람들의 시간 관리법 – 미라클 모닝	169

불황에도
·
잘나가는
·
사람들의
·
영업비밀

불황에도
잘나가는
사람들의
비　　밀

불황에도
잘나가는
사람들의
영업비밀

**이제
영화 보는 사람 말고,
찍는 사람이 되자.**

"평생 영화를 보기만 했네, 정녕 내 영화 내가 만들 수는 없는 걸까?"

마흔을 넘기던 어느 날, 문득 내 가슴에 오래 머문 생각이었다. 설레도록 보고 싶은 영화를 보러 혼자 극장에 갔던 어느 날, 온라인 예매 사이트에서 자리를 골랐다. 통신사 할인, 신용카드 할인 혜택을 확인했다. 유튜브에 가서 예고편을 봤다. 관람객들의 별점과 댓글을 보며 기대감을 부풀렸다. 당일 영화관에 도착해서 주차 확인 도장을 받았다. 팝콘과 콜라를 주문했다. 네이버 뉴스를 보면서 시간을 때웠다. 평론가들의 평가와 의미를 곱씹었다. 그러면서 내가 미처 생각하지 못했던 순간을 머릿속에 채워 넣었다. 한술 더 떠 오스카 상이나 칸 영화제 상에 대한 예견까지 해 본다. 영화는 역시 재밌었다. 내가 좋아하는 감독의 영화니까.

그런데 갑자기... 영화를 다 보고 집에 돌아오는 길에 나는 문득 이상한 생각을 하기 시작했다. 나는 오늘 무엇을 한 거지? 영화 한 편을 보기 위해 나는 무엇을 한 걸까? 정말 희한한 발상이지만, 내가 영화를 보기 위해 했던 행동을 하나씩 열거해 보기로 했다. 이윽고 "했다"를 "소비했다"로 치환시켜 보았다. 나는 온라인 예매 사이트에서 티켓을 소비했다. 통신사, 신용카드 할인 혜택을 소비했다. 유튜브 예고편 영상을 소비했다. 관람객들이 제공한 댓글을 소비했다. 영화관에서 제공하는 주차 서비스를 소비했다. 팝콘과 콜라를 소비했다. 네이버 뉴스를 소비했다. 평론가들의 평가를 소비했다. 나는 정말이지 하루 종일 소비만 했다. 그리고 나는 다시 놀랐다. 내가 소비했던 그 많은 서비스는 도대체 누가 만드는 거지? 누가 공급하는 거지? 누군가는 소비하고, 누군가는 공급한다. 그런데 재화와 용역을 일대일로 교환하는 식이 아니라, 누군가는 일방적으로 공급만 하고 누군가는 일방적으로 소비만 하는 것 같았다.

그렇다. 나는 평생 소비만 하면서 살았다. 옷도 남이 만들어 준 걸 사 입었고, 음식도 남이 만들어 준 걸 사 먹었다. 셀 수 없는 전자 제품과 매일 마시는 커피, 친구들과 라운딩을 갈 때 골프장 캐디피, 여행 갈 때 숙박 서비스, 심지어 스트레스 풀러 술 한잔 기울일 때도 엄청나게 소비를 한다. 연간 카드 값을 따져보면 실로 어마어마하다. 그야말로 소비하는 인간, 즉 호모 콘수무스(Homo Consumus)라 할 만하다. 단순히 소비를 줄여서 부자 되겠다는 말이 하려는 것이 아니다. 이러다간 죽을 때까지 소비만 하다 세상을 떠날 것 같아서다. 그냥 수동적으로 누가 만들어 놓은 것을 쓰면서만 산다면 그건 뭔가 아쉬울 것 같다. 나도 누군가에게 쓸모 있는 것을 만들어 주고 싶다. 그래야 인생이 조금은 의미가 있지 않을까? 그냥 남들이 차려 놓은 것들을 만끽하고 그냥 남들이 만든 것을 사용하면서 산다면, 나 하나쯤 없어도 이 세상은 아무것도 불편하지 않을 것 아닌가?

우리는 흔히 "생산적인 일을 좀 해라"라는 말을 할 때가 있다. 그 뜻은 뉘앙스에 따라 달라지겠지만 전반적으로 해석하면, 조직이나 남에게 도움이 되거나 발전적인 일을 하라는 얘기다. 안방에 누워 수십 편의 영화를 보면서 이건 저렇고 저건 이렇다고 평가하는 건 아무나 할 수 있는 일이다. 그러나 영화를 만드는 건 아무나 할 수 있는 일이 아니다. 모든 것이 마찬가지다. 도대체 우리나라 아파트는 왜 다 똑같이 생겼어?라고 투덜대 봐야 소용없다. 내가 건설사를 차리지 않는다면 영원히 똑같은 집을 보게 될 것이다. 정치인들은 다 썩었어, 정치가 썩었으니 이 세상 꼴이 이 모양이지!라고 저주해 봐야 소용없다. 내가 정치를 하지 않으면 영원히 세상은 변하지 않을 것이다. 정치인이 되지는 않더라도 정치와 관련된 일을 엄청나게 많이 해야 그나마 조금 변할 것이다. 단순하게 관심만 가진다고 될 일이 아니다.

시간이 없다. 이제 영화 보는 사람만 하지 말고, 영화를 찍는 사람이 되어 보면 어떨까? 그래서 세상을 한 번 바꿔 보면 어떨까? 아니 그렇게까지 혁명적일 필요까진 없고, 그저 세상에 도움을 좀 주면서 살아보면 어떨까? 다시 말해 앞으로 이른바 "생산적인" 일을 좀 하면서 살아보면 어떨까? 그동안 소비 그거 "마이 했다 아이가?"라고 웃어 보자. 내가 창조한 나의 일, 나의 직업, 내가 만든 제품, 내가 만든 서비스... 그런 걸 한번 해 보면 어떨까? 애플의 CEO 스티브 잡스는 이렇게 말했다. "당신의 시간은 정해져 있습니다. 다른 사람의 삶을 살면서 시간을 낭비하지 마세요. (Your time is limited, so don't waste it living someone else's life.)" 지금까지 남이 차려준 대로 살아왔다면 이제는 남들을 위해서 무언가를 차려줘야 하지 않을까? 이어령 박사는 이런 시를 썼다. "목숨은 태어날 때부터, 죽음의 기저귀를 차고 나온다. 훗날에야 알았네, 메멘토 모리(Memento Mori)"

불황의 시대, 무엇을 준비해야 하나?

불황의 시대다. 한때 천하를 호령하던 산업과 기업이 쇄락하고, 성장이 멈춘 곳은 문을 닫거나 대량 해고를 단행한다. 잘 나간다는 변호사, 의사도 힘들다는 소식이 들릴 정도니 오죽하랴. 경제에서 가장 중요하다는 일자리는 사라지고, 가끔 생기더라도 그저 그런 직업일 뿐이니 관심도 없다. 종로에 가서 박

불황에도
잘나가는
사람들의
영업비밀

사를 부르면 100명 정도 쳐다보는 세상이요, 뭘 해도 잘 안 되는 시대다. 그래서 더 힘들다. 다른 나라도 마찬가지다. 이 불행이 우리 만의 문제가 아니라는 게 위로가 아닌 더 큰 체념이 된다. 성장 동력을 잃은 전 세계가 울고 있다. 성장이 멈춰버린 시대. 파도에 맞서 역행하면 힘만 빠지는 상황이니 이러지도 못하고 저러지도 못하는 상황이다. 이런 시국에 우리는 어떻게 해야 할까? 살아날 구멍은 있는가?

잠시, 개인의 문제로 눈을 돌려보자. 방금 전에 운을 뗐던 세상 이야기 말고 나 자신의 이야기를 해볼까 한다. 불황, 성장, 기업, 해고, 일자리, 이런 거대 담론 말고, 그냥 나의 이야기 말이다. 단도직입적으로 묻겠다. 그래, 경제가 어렵고 나라가 망한다 치자. 그렇다면 당신은 어떤 대책을 갖고 있는가? 그래, 저성장 시대라고 치자. 그렇다면 당신은 어떻게 행동하려 하는가? 그래, 일자리가 줄어든다고 치자. 그렇다면 당신은 무엇을 대비할 것인가? 뉴스에서는 연일 경제를 외치는데 그렇다면 당신의 계획은 과연 무엇이냐고 묻고자 한다. 혹시 청와대 국민청원 신문고에 저주나 퍼부어 보려 하는가? 그게 당신의 플랜인가? 어차피 망했으니 술이나 퍼마실까? 그게 당신의 선택인가? 진심으로 묻고자 한다. 경제가 어렵다, 불황의 시대다…. 그런 거시 경제의 뉴스 속에서 당신의 대비책은 무엇인가?

맞다, 할 수 있는 게 별로 없다. 결국 나는 그냥 나의 일을 해야 한다. 만일 당신이 회사를 다니고 있다면 어차피 내일 아침에 출근을 해야 할 것이다. 만일 당신이 해고를 당했다면 어떻게든 새로운 일을 구해야 할 것이요, 만일 당신이 장사를 하고 있다면 내일 더 열심히 일할 뿐이다. 그렇다. 경제를 논평하고 나라 걱정을 하는 것도 좋지만, 나는 그저 나의 일을 해야 하는 사람들이다. 그래야 돈을 버니까. 근데 문제는 그러자니 뭔가 불안하다는 거다. 왜 불안한가? 무엇이 불안한가? 그것은 우리 회사가 불안해서 그런 것이요, 재취업이 안될까 불안한 것이요, 장사가 시원치 않아 불안한 것이다. 왜 그럴까? 왜 열심히 해도 불안한 걸까? **결론부터 말하면, 그건 내가 대체 가능한 사람이라서 그렇다.** 좀 심하게 말해서 나는 그저 그런 사람이라서 그런 거다. 듣기 거북하겠지만 회사에 저당 잡힌 나니까 불안한 것이고, 별다른 경쟁력이 없어서 불안한 거다. 장사를 해도 브랜드가 없고 경쟁력도 별로 없기에 그저 불안한 거다.

그렇다면 이 시국에 우리는 무엇을 준비해야 할까? 할 수 있는 것이 진정 없을까? 아니다. 분명히 있다. 그 2가지 이야기를 이 책에서 하려고 한다. 얼핏 듣기에는 진부하지만 내용은 그렇지 않다. 필자가 직접 경험하고 주변에서 간접적으로 목격한 이야기를 토대로 그 방법을 설명하고자 한다.

첫째 나만의 브랜드를 만들어야 한다. 나의 전문 분야라고 말해도 좋고 내 업(業)이라고 말해도 좋다. 나만의 확실한 전문 분야, 평생 수행할 나의 업, 즉 브랜드 말이다. 회사를 다니는 사람들은 의외로 이 부분을 간과한다. 그들은 자신이 다니던 회사를 마치 나의 브랜드인 것처럼 생각한다. 특히 대기업 출신, 글로벌 기업 출신들의 착각이 심하다. 문제는 회사를 그만두었을 때 그 브랜드를 계속 유지할 수 있느냐 하는 것이다. 예를 들어보자. 대기업 S유통사에서 MD 역할을 수행하고 있는 K과장. 수많은 벤더들과 제조사들이 납품을 요청하면 그것을 검토하고 매입 여부를 판단하는 자리다. 요즘 갑질 문화가 많이 사라졌지만, 그런 걸 떠나 어마어마한 권력을 가진 자리다. 그렇다면 사람들은 S유통사에 재직 중인 K과장을 어떻게 대할까? 설명 안해도 뻔하다. 하지만 K과장이 퇴사를 하면 사람들은 어떻게 대할까? 이것도 역시 뻔한 이야기다. 자 그렇다면 이제, K과장이 재직 중에 해야 할 일이 떠오르는가? 일을 열심히 하는 것도 중요하고 가끔씩 갑질을 하는 것도 중요하지만, K과장은 할 일이 정말 많다. 자신 만의 브랜드, 빨리 준비해야 한다. 그러지 않으면 퇴사 후에 그동안 회사를 배경으로 한 권력과 지위는 머지않아 눈 녹듯 사라질 것이다.

둘째 나를 파는 기술이 필요하다. 경제적 자유를 얻기 위해서 생존력은 필수다. 온실 속의 화초가 아니라, 척박한 환경에서도 살아 남는 기술 말이다. 나에 대한 브랜딩과 함께 적극적으로 나를 알리는 일, 전문 분야를 정하고 아주 좁은 영역에서 깃발을 꽂는 일, 유익하고 재미있는 콘텐츠를 직접 제작하고 공급해서 사람들의 눈길을 사로잡는 일, 홈페이지, 블로그, 소셜 미디어를 능수능란하게 다루어 대중들과 소통하는 일, 업계의 선배를 만나 덕담과 조언을 듣는 일, 비대면 채널과 대면 채널을 가리지 않고 영업을 수행하는 일… 모두 나를 파는 기술이다. 회사를 다닐 때는 마케팅은 마케팅팀에서, 영업은 영업팀에서, 납품과 계산서 처리는 재무회계팀에서 대신해 주었으리라. 이제 내가 직접 해야 한다. 불황의 시대에 나의 운명은 아무도 모른다. 더 이상 과거의 스펙이, 과거의 경력이 나의 앞길을 보장해 주지 않을 것이다. 믿을 건 나 자신뿐이다.

나의 경력을 브랜드로 승화시키는 방법

나이가 40대 중반이 되다 보니, 주변에 힘들어하는 친구들이 많아졌다. 물론 시대가 시대인지라 모두가 힘들게 살아가는 게 당연한 세상이 됐지만, 고민에도 수준이 있다고 본다. 어떤 사람은 하루하루 먹고사는 게 고민일 수 있고, 어떤 사람은 적성에 맞지 않는 일이 고민일 수도 있지만, 어떤 사람은 좀 더 가치 있는 일을 하고 싶은데 어떻게 설계할지에 대한 그런 고민을 하기도 한다. 그러니까 고민에도 수준이 있는거다. 평소에 어떤 고민을 하고 사는가에 따라 그 사람 삶의 수준도 차이가 날 수밖에 없으니, 이왕이면 멋지게 살아야 하지 않겠는가? 더군다나 점점 나이만 먹어가는데 말이다.

다소 잔인한 이야기일 수 있지만, 사실 일과 적성에 대한 고민은 30대가 끝나기 전에 벌써 해결됐어야 했다. 20대 때는 공부하고 취업하느라 정신이 없으니 그렇다 치더라도, 직장을 다니는 30대라면 다른 그 무엇보다 나의 업(業)을 결정하고 해당 분야를 깊이 파는데 온 에너지를 쏟아야 할 것이다. 물론 30대는 그 나름대로 바쁘고 급한 일이 한둘이 아닐 것이다. 평생 나와 함께할 동반자를 찾아야 하고 한 푼을 아껴 모아 내 집 마련도 해야 할 것이다. 또 차도 굴리고 여름휴가 때 짬을 내어 해외여행도 다녀와야 한다. 그런 걸 충분히 즐기더라도, 더 늦기 전에 나의 전문 분야를 정하자. 늦게 준비하면 할수록 힘이 많이 든다.

전문 직업인을 위한 인맥 서비스인 링크드인(LinkedIn)에 가보면 수많은 직장인들의 이력을 볼 수 있다. 그런데 볼 때마다 느끼는 건 같은 기간의 경력을 가진 사람이라도 그 수준이 천차만별이라는 것이다. 여기서 말하는 수준이란 회사의 간판이나 연봉을 말하는 것이 아니다. 자기 자신을 하나의 전문 직업인으로 봤을 때, 그 사람의 브랜딩이라고 말할 수 있다. 그것은 일을 믿고 맡길 수 있는가에 대한 신뢰성이다. 가령 누군가가 모 대기업의 '마케팅 커뮤니케이션' 담당자라고 하자. 어떤 사람은 그저 '2010년 7월~2019년 11월, S전자 마케팅 커뮤니케이션 담당'이라고만 적는 반면, 어떤 사람은 그 밑에다가 본인이 참여했던 프로젝트를 모두 리스트업 하기도 한다. 더 나아가 업무를 처리하면서 배웠던 점, 그로 인해 개발된 역량, 지인들로부터 받은 추천(endorsement) 등을 일목요연하게 기록하는 사람이 있는 것이다. 이런 사람은 전자와는 완전히 다른 사람으로 인정받는다.

직장 경력 30년인 사람이라 할지라도 정작 전문성이 떨어지는 경우가 많다. 철강 회사에서 30년을 다닌 사람이라면 정말이지 철(iron)에 대해서는 박사 수준이어야 하지 않을까? 그 바닥에서 3년도 아니고 30년을 보냈지 않았나! 철의 원소기호가 'Fe'라는 것은 너무 쉬운 질문이겠고, 철이 지구와 우주에서 물리학적으로 어떤 의미를 갖고 있는지, 철은 생태계의 누가 어디에서 채굴해 와서 어떤 형태로 매입해 오는 것인지, 어떤 공정으로 만들어지고 어디에 어떻게 쓰이는지, 또 산업용으로 쓰이는 철과 소위 '철분'으로 불리는 영양소와는 어떤 차이가 있는 건지 아는 사람이 별로 없다. 과거 맥주 공장 근로자들이 이상하게 머리숱이 많이 나길래 알아보니 맥주 효모 때문이라는 걸 발견했듯, 혹시 제철소 근로자들은 철분 성분으로 인해 혈액 순환이 더 잘 되는지? 수없이 많은 주제와 소재로 이야깃거리를 풀어놓을 수 있어야 제대로 된 경력자 대우를 받지 않을까?

혹자는 반박한다. 철강 회사에 다닌다고 해서 굳이 그런 과학 지식까지 공부를 할 필요가 있는가? 선생님이 될 것도 아닌데 그런 게 왜 필요하냐고. 회사에서 주어진 일만 하기에도 바쁘다는 핑계를 댄다. 하지만 지금 우리는 불황에도 잘 나가는 사람에 대한 이야기를 하고 있음을 잊지 말자. 회사에서 하는 일은 그저 회사의 일인 것뿐이다. 회사를 배제한 나의 모습을 떠올려야 한다. 불황의 시대에, 만약에 회사에서 잘려도, 혹시 그때도 회사 일을 하려 하는가? 그때는 이 세상에 나만 덩그러니 남게 된다. 그땐 나만의 지식과 스킬을 보유하고 있어야 한다. 즉 브랜드 말이다. 철강 회사를 그만두고 사회에 나왔을 때 본인 스스로 할 수 있는 일이 뭐가 있을까? 다닐 때는 정말 좋았겠지만 불황의 시대에 내 운명은 아무도 모르지 않겠나? 준비를 하고 있어야 한다.

자, 그럼 이제 우리는 무엇을 해야 할까? 회사에 몸담고 일하다 보면 너무 바쁘고 정신이 없어서 뭘 어디서부터 해야 할지 모르겠지만, 그래도 의지가 있다면 이제 **당장 자신의 일에 대해 '기록'을 하도록 하자.** 내 경력이 3년이건, 30년이건 간에 기억을 더듬어 내 직업에 대해, 나의 업에 대해 기록을 하자. 구체적으로 무엇을 기록하라는 말일까? 업무 현장에서 벌어지는 일상에 대한 기록, 내 업무에 대한 원리와 프로세스, 실무 경험의 구체적인 사례, 이 분야에서 일하는 다양한 이해관계자들의 에피소드 등을 말한다. 시간이 흘렀을 때 지금 이 순간을 기억할 수 있고 다른 사람들이 읽어도 유익한 내용이다. 이런 것을 기록하고 공유하는 사람은 극히 드물다. 필요성을 느끼지 못할뿐더러, 현실에 안주하기 때문이다. 하지만 내 업에 대한 기록은 나만의 브랜드를 구축하는 데 있어서 꼭 필요한 일이다.

내 직업이 마음에 들지 않는다면?

불황에도 잘 나가는 사람들의 특징은, 지금 내가 하고 있는 일에 대해 전문성이 있다는 것이다. 문제는 자신의 일을 좋아하지 않는 사람이 의외로 많다는 점. 굉장히 많은 사람들이 지금 하는 일을 맘에 들어하지 않는다. 그럼에도 불구하고 그냥 회사 간판이 좋아서, 업무 강도가 꽤 널널해서, 정년이 보장되어서 등의 사유로 버틸 것이다. 그러나 언제까지나 나를 속이면서 살 수는 없는 일. 아무리 생각해도 지금 내 일이 너무 싫거나 적성에 맞지 않는다면 어떻게 해야 할까? 내가 하고 있는 일을 나의 전문분야로 이어 나가는 것이 베스트이긴 하지만, 그렇지 않아도 무방하다. 그럴 경우에는 내가 좋아하는 나의 취미나 특기 중에서 나의 업으로 전환시킬 만한 분야를 잡아야 한다.

방법은 역시 기록이다. 대신 일에 대한 기록이 아니라, 나의 특기에 대한 기록이 될 것이다. 해당 분야에 대해서 하루에 2시간씩 혹은 일주일에 10시간씩 반드시 절대적인 시간을 할애하여 그 분야에 대해 기록을 해야 한다. 확신을 갖고 오랫동안 꾸준히 하는 것이 중요하다. 그럴 만한 시간이 없다는 핑계는 인정되지 않는다. 좋아한다면 어떻게 해서라도 시간이 난다. 시간이 없다는 건 별로 좋아하지 않을 때 말하는 핑계 아닐까? 기록을 할 때는 내가 직접 경험하는 에피소드를 기록해도 되고, 도서관에서 공부한 이론을 기록해도 좋다. 처음에는 막연하겠지만 점점 나만의 체계를 잡아갈 것이다. 일기를 쓴다고 생각해도 되고 그냥 블로그를 한다고 생각하면 간단하다.

취미나 특기를 나의 업으로 전환시키는 예를 한번 들어볼까? 만일 내가 향수 매니아라고 해 보자. 향수가 너무 좋아 방 안에 수십 개의 향수를 사 모았고, 그러다 보니 향수에 대해 나름 애정하는 아이템이 되었다. 그렇다면 이렇게 해 보면 어떨까? 우선 매주 새로운 향수를 하나씩 구입한다. 자전거 매니아들은 한 대에 수천만 원짜리 장비도 사는데, 그깟 향수 값이 아까운가? 그 정도의 애정은 있어야 한다. 처음에는 저렴하고 대중성 있는 것부터 시작한다. 그리고 직접 향을 맡으면서 솔직한 느낌을 유튜브로 찍어 매주 업로드한다. 사람들은 내가 미처 알지 못했던 향수 이야기를 들을 것이고, 향수의 가격, 사연, 인기, 트렌드에 대한 간접 체험을 할 것이다. 인터넷 상으로 향기를 직접 맡을 수는 없지만 진행자의 감각적인 표현과 서정적인 비유로 이미 향을 느낄 수 있을 정도다. 그러다 보면 하나 둘 팔로워가 늘어날 것이다.

조금 시간이 지나 자신감이 붙으면, 밖으로 나가 멋진 남녀를 상대로 향수에 대한 평가 인터뷰 영상을 찍어 역시 매주 업로드한다. 물론 블로그를 병행하면 더 좋다. 이렇게 1년만 딱 해보자. 1년 후에는 이미 당신은 향수 인플루언서가 되어 있을 것이다. 겉으로만 뻔지르르한 유튜브를 얘기하는 게 아니라, 실력으로도 타의 추종을 불허하게 된다. 이미 1년이면 52개의 향수, 2년이면 104개의 향수를 테스트하고 체험한 몇 안 되는 사람이 되어 있을 것이니 말이다. 어쩌면 전 세계에서 유일한 사람일 수도 있다. 물론 기존에 그러한 사람이 있더라도 전혀 상관없다. 행동으로 이행하는 사람은 1%도 안되기 때문이다. 다시 강조하지만, **내가 업으로 삼은 일에 대해 꾸준히 기록을 하는 것이 중요하다. 그것이 쌓이면 그것이 바로 당신의 포트폴리오가 되고, 그것이 지렛대가 되어 자신의 브랜드가 된다.**

또 다른 예를 들어보자. 내가 만일 애견카페에서 일을 하고 있다면 무엇을 해야 할까? 그냥 시간만 때우지 말고 애견카페에서 일어나는 모든 일을 기록해 보면 어떨까? 당신은 그 누구보다 애견카페에 있어서는 이미 전문가이니까! 심지어 동물병원 의사 선생님도 애견카페에 대해서는 전문가가 아니다. 애견 주인들이 어떤 서비스를 좋아하는지, 어떤 목적으로 애견카페를 찾는지 등 기본적인 수요에 대한 패턴을 기록하는 것으로 가볍게 시작할 수 있다. 또한 퇴근하고 집에서 혹은 주말에 도서관에서 반려동물 관련 산업, 국내 애견카페 현황, 펫푸드, 펫케어에 대한 개괄적이고 때로는 구체적인 지식을 다룬다면 그것도 좋다. 더 나아가 반려동물 동반 가능 숙소나 강아지가 아플 때 응급처치 방법 등 다룰 수 있는 에피소드는 무궁무진하다. 10년간 아무 생각 없이 자신의 애견카페를 운영한 사장보다 1년간 조금씩 꾸준하게 기록을 남긴 알바가 훨씬 훌륭한 자신만의 브랜드를 가지게 될 것이다.

내 전문 분야에 대해 책 한 권쯤은 쓸 줄 알아야죠!

내가 만약 C그룹 계열사의 영화 배급사에서 10년 간 일해 왔다고 가정해 보자. 지금까지는 회사 명함을 꺼내어 건네면서 "다닌 지 10년 됐습니다."라고 말하면 됐다. 모두가 나를 알아보고 모두가 나를 인정한다. 나의 직급과 나의 위치가 나를 대변하고 있기 때문이다. 사실 연봉도 연봉이지만 그 맛에 회사 다니는지도 모르겠다. 하지만 이제 그 회사를 떠나 독립한 상황이라면 상황은 완전히 달라진다. 정말 변하지 않을 것 같지만 사람들은 변한다. 정년을 앞둔 상무님이 따님 결혼식을 서두르는 데는 다 이유가 있다. 결혼식에 축의금을 들고 오는 숫자가 반의 반도 안되리라. 뭔가 좀 불안하지 않은가? 째깍째깍 다가오는 은퇴시기. 게다가 요즘은 정년도 없다. 언제 그만두게 될지 나도 모른다.

자, 이제 무엇을 해야 할까? 말이 필요 없다. 기록을 하자. 내 업에 대한 기록 말이다. 좀 더 이상적인 이야기를 하자면, 책을 쓰자. 콘텐츠를 생산하자. 10년이나 영화 배급 일을 했다면 분명히 쓸 내용이 있을 것이다. 영화 제작사, 투자사, 배급사의 역할은 각각 어떻게 다른지, 왜 유통이란 말 대신 배급이란 말을 쓰는지, 배급사의 마진은 통상적으로 얼마나 되는지, 해외 배급과 판매는 어떤 방식으로 이루어지는지, 국내외 주요 배급사 플레이어들은 누가 있는지, 영화 홍보는 어떤 방식으로 이루어지는지 등 영화 배급에 대해서는 전혀 모르는 사람들조차도 쓸만한 주제와 소재가 무궁무진하다. 10년을 일했는데 쓸 내용이 없다는 것은 말이 안 된다. 그게 사실이라면 잔인하게 들리겠지만 그동안 짬밥만 쌓였지 실력은 별로 없다는 걸 의미한다.

이제 'S전자 20년 경력' 따위의 수식어는 필요 없다. 그동안 나를 지켜주던 회사의 파란색 로고는 더 이상 나를 대신해 주지 않는다. 이제는 오롯이 나의 실력을 보여주어야 한다. 내 실

불황에도 잘나가는 사람들의 영업비밀

력은 이력서에 적혀 있는 회사 이름으로부터 나오는 것이 아니라, 내가 창조한 결과물로부터 나온다. 내가 창조한 결과물이란 무엇일까? 그것은 내가 직접 작성한 블로그 포스팅, 내가 방송한 유튜브 채널이나 팟캐스트 그리고 내가 쓴 책을 말한다. 나의 언어로, 나의 논리로, 나의 전문 분야를 정리한 콘텐츠다. 물론 내가 개발한 애플리케이션이나 솔루션이 있다면 그것도 괜찮다. 어쨌든 사람들에게 보이는 창조물이 있어야 한다. **사람들은 나의 20년 경력에는 아무런 관심이 없다. 다만 내가 생산한 콘텐츠나 솔루션에는 관심이 있다.** 왜냐하면 지식만큼은 얻고 싶어 하기 때문이다. 내가 20년 간 경험했던 노하우 말이다. 그것을 영상으로 찍으면 영화가 되고, 글로 쓰면 보고서가 되고, 일상을 다루면 블로그가 된다.

이제 책 한 권을 쓰자고 마음먹어보자. 전문성을 확인받기 위해서 말이다. 블로그를 하든 유튜브를 하든 상관없이 그냥 책 한 권 쓴다고 생각하자. 책을 쓰는 이유는 2가지다. 하나는 그냥 순수하게 책을 출간하여 대중들이 나에게 연결되도록 하기 위함이지만, 더 중요한 것은 내가 먼저 내 전문 분야에 대한 체계를 정립하기 위해서다. 그러므로 꼭 출간을 하지 않아도 좋으니 일단 써보자. 그러다 보면 체계가 잡힐 것이다. 논리가 잡힐 것이다. 정리가 될 것이다. 내 전문 분야에 대해 말이다. 더 이상 몇십 년의 경력이 있다고 설명하지 말자. 사람들은 그런 말을 듣고 싶어 하지 않는다. 대신 나만의 콘텐츠를 창조하자. 과거의 경험을 회상하고 나의 업무에 대해, 내가 속한 산업에 대해 정리를 해 보자. 무에서 유를 창조할 필요 없다. 내 경험을 쓰면 되니까. 세상에 있던 것이지만 나만의 논리로 재정립을 하면 된다.

불황에도
·
잘나가는
·
사람들의
·
영업비밀

02

나만 존재하는 전문분야를 선점하라

불황에도
잘나가는
사람들의
영업비밀

연필 한 자루 깎을 때마다 10만 원씩 버는 사람

2012년 어느 날, 눈에 확 띄는 노란색 표지의 신기한 책을 발견했다. 데이비드 리스(David Rees)의 〈연필 깎기의 정석(How To Sharpen Pencils) - 장인의 혼이 담긴 연필 깎기의 이론과 실제〉. 나는 이 책의 표지가 너무 예뻐서 날림으로 책장을 넘기다가 어쩌다 보니 순식간에 완독을 해버렸다. 그리고 충격의 도가니에 빠져 버렸다. 연필이야 나도 수백 번 깎아 봤지만 이렇게 자세하고 치밀한 연필 깎기의 이론과 실제는 본 적이 없기 때문이었다. 혹시 누가 나보고 연필 깎는 법에 대해서 써 보라고 하면 몇 줄 이상 쓰기 어려울 것이리라. 그런데 이 연필 깎기 장인은 무려 224쪽 분량의 양장본으로 출간한 것이다.

도대체 무슨 내용이었을까? 이 책은 연필 깎는 데 필요한 모든 것을 담았다. 다양한 종류의 칼과 기계식 그리고 수동식 연필 깎기의 소개, 흑연을 다듬는 데 필요한 사포, 예술 장인의 필수품 작업용 앞치마, 연필 밥을 담을 족집게, 후처리를 위한 칫솔과 수건 등의 준비물, 연필의 부위별 명칭과 연필 촉의 유형에 관한 정보, 본격적으로 연필을 깎기 전 준비 과정으로서 몸 푸는 방법은 물론 깎을 위치 선정, 첫 칼자국 내기, 나무 속살 깎기, 흑연 다듬기 등으로 이어지는 연필 깎기의 프로세스를 그림과 사진을 곁들여 가며 해부하였다. 이 정도이니 연필 깎기의 장인이라고 부를 수밖에 없다.

요즘 사람들에게 아무런 관심을 일으키지 못하는 '연필'이라는 소재에 설혹 연필을 쓰더라도 스피드에 살고 죽는 지금, 누가 손으로 연필을 깎는 수고를 마다하겠냐마는 데이비드 리스는 그 부분을 집요하게 파고들었다. 그는 지금도 Artisanal Pencil Sharpening 〈http://www.artisanalpencilsharpening.com/〉 이라는 사이트를 운영하는데, 그가 깎은 연필을 구입하려면 무려 100달러(미국 외 지역은 120달러)를 내야 한다. 그럼에도 불구하고 졸업, 입학, 취업, 기념일 선물로 수요가 상당하다고 한다. 별 거 없어 보이는 일에 자신만의 의미를 부여해서 성공한 사례다. 사소한 것에도 나만의 이론과 실제를 담으면 그것이 바로 비즈니스가 되는 것이다.

나의 전문 분야는 이렇게 찾는 것이다. 데이비드 리스의 사례는 불황의 시대에 어떻게 자립할 수 있는지 궁극적으로 보여준다. 한 가지 주제나 소재를 아주 구체적으로 파고들어야 한다. 연필은 누구나 깎을 수 있지만, 연필 깎기를 이 사람처럼 연구한 사람은 없었다. 그렇다고 그가 연구한 내용이 무슨 노벨 물리학상을 받을 정도의 난해한 수준은 아니다. 몇 년 정도 연필 깎는 것을 관찰하고 연구하면 누구나 충분히 얻을 수 있는 이론이다. 물론 몇 년 동안 실제로 연필을 수천 자루를 깎은 '실

전'에 있다는 것은 더 중요하다. 몸으로 익힌 실전과 책으로 공부한 이론을 접목시키는 것이 포인트다.

불황의 시대를 헤쳐 나가려면 나만의 전문성이 있어야 한다. 내가 정한 영역에서 한우물을 파야 한다. 오랜 시간 동안 연구하고 실습한 내용을 나만의 문체로 소화해 내야 한다. 그러니까 내가 정한 영역에 대해서는 적어도 책 한 권은 쓸 수 있어야 한다. 그것은 결코 어려운 일이 아니다. 연필 깎는 방법을 쓰는 게 어렵다면 도대체 무엇이 쉽다는 말인가? **다시 말하지만, 나의 전문 영역을 쪼개고, 또 쪼개서 아주 좁은 영역을 깊게 파야 한다.** 데이비드 리스처럼 말이다. 좁은 영역에서 나만의 타이틀을 정하고, 나만의 키워드를 만든다. 세상에 없던 걸 창조할 필요는 없다. 그저 흔하고 사소한 것이지만 거기에 나만의 의미를 담으면 된다. 새로운 개념을 창조한다는 생각보다는 기존에 있던 것을 새롭게 바라보는 것이 중요하다. 좁은 영역에서.

나의 타이틀을 정하는 팁은 다음과 같다. 만약 사진작가로 독립하고 싶다면, 그냥 뭉뚱그려서 '사진작가'라고 하지 말고 한 걸음 더 들어가는 것이 좋다. 가령 야생동물 사진작가, 애완동물 사진작가, 초상화 사진작가, 공연 전문 사진작가, 행사 전문 사진작가 등 영역을 더 좁혀서 내 전문 분야를 정하는 것이다. 그래야 내 주변에 경쟁자가 사라지게 되고 나 혼자 자신 있게 그 분야에 대한 희소가치를 누릴 수 있게 된다. 그 좁은 영역에서 나만의 타이틀을 정하고 나만의 키워드를 만드는 것이다. 다시 말해, 직장인이 독립하기 전에 정말로 해야 할 일은 해당 분야를 쪼개고 또 쪼개서 나만 할 수 있는 작은 부분을 찾아 깃발을 꽂는 것이다.

실습
세부적인 직업 키워드 찾기 (나의 직업 영역 좁히기)

- 내가 하고 싶은 프리랜서 직업 1개를 왼쪽 칸에 작성한 후, 좀 더 구체적인 키워드 10개를 오른쪽 칸에 나열해 본다.

샘플
포토그래퍼의 세부적인 직업 키워드 찾기

〈1단계〉 넓은 영역의 직업 키워드	〈2단계〉 좀 더 세부적인 직업 키워드
포토그래퍼 (사진작가)	1. 야생 사진작가 2. 애완동물 사진작가 3. 패션 사진작가 4. 음악/공연 사진작가 5. 가족 사진작가 6. 초상화 사진작가 7. 광고 사진작가 8. 결혼 사진작가 9. 라이프스타일 사진작가 10. 행사전문 사진작가

실 전

나의 세부적인 직업 키워드 찾기

〈1단계〉 넓은 영역의 직업 키워드	〈2단계〉 좀 더 세부적인 직업 키워드
_____	1. 2. 3. 4. 5. 6. 7. 8. 9. 10.

의사 때려치고 기자 했더니 성공이 따라왔다.

홍혜걸 박사는 국내 최초 의학전문 기자 출신의 의학 칼럼니스트다. 그는 서울대학교 의과대학원에서 의학박사를 취득했기에 그의 진로는 당연히 대학 병원에 가거나 의원을 차려서 보통 의사가 되는 길이었으리라… 그러나 그는 돌연 중앙일보 기자가 되었다. 엉뚱한 선택 같았지만 알고 보니 의학전문 기자로 입사를 한 것이었다. 당시 국내 최초 사례였다. 의사 면허를 가진 기자. 그의 말에 의하면 의학이라는 주제가 황우석 줄기세포 논란, 신종 플루와 메르스 등 온 국민의 관심을 집중시키는 미디어의 중심으로 떠올랐기 때문이라고 했다. 듣고 나니 납득이 간다. 그런데 기자 해서 돈 벌 수 있나? 걱정도 유분수지. 그 후로 의학 칼럼니스트 프리랜서로 활발하게 활동해 성공했고, 정식으로 등록된 언론기관인 '비온뒤' (http://aftertherain.kr)의 대표로 비즈니스를 영위하고 있는 중이다. 같은 이름의 유튜브 계정은 40만 명에 육박하는 구독자를 보유하고 있다.

나는 16년간 글로벌 기업에서 세일즈를 경험했다. 시간이 흘러 불혹의 나이가 되니 2가지 선택지가 놓였다. 계속해서 세일즈 경력을 이어가는 길, 새로운 사업을 하는 길 정도가 떠올랐다. 고민 참 많이 했었는데 이때 우연한 계기로 스타트업 회사에 영업이사로 영입이 됐다. 알다시피 글로벌 기업의 세일즈 직무라는 것이 매출 압박에 대한 부담이 크고 모든 것이 타이트하게 돌아가다 보니, 상대적으로 스타트업의 젊은 감각이 무척이나 여유롭고 재밌었다. 충분히 즐겼고 직원들에게 세일즈 노하우를 전수하다 보니 내가 배웠던 세일즈 스킬들을 나도 모르게 정리하게 되었다. 그때 문득 엄청나게 놀라운 기회를 발견했다. 그것은 나의 세일즈 경험을 바탕으로 스타트업 기업들에게 세일즈 코칭과 컨설팅을 하는 길이었다. 과연 그럴만한 시장이 존재할까? 물론이다. 주기적으로 컨설팅 의뢰가 들어오고 있다.

의사는 평생 의사를 하는 것이 당연하고 어쩌면 바람직하다고 말할 수 있다. 그게 전공이고 라이선스니까. 그런데 의사가 기자를 한다면 일이 흥미로워진다. 세상에 없던 의학전문 기자가 되는 것이다. 수만 명 중 한 명의 의사가 아닌 국내 유일한 전문가로 자신만의 영역을 구축할 수 있게 된다. 세일즈를 오래 해 왔던 사람이라면 계속 세일즈를 하는 것이 당연할 수 있다. 그래야 전문성을 발휘할 수 있으니까. 그러나 전혀 다른 생태계로 눈을 돌리면 더 큰 기회를 찾을 수 있다. 이런 사례는 무궁무진하다. 지난 10년 간 투박한 공장에서 생산 공정 일을 해 온 사람은 제조 스타트업과 창업자들을 위한 하드웨어 메이커스(Makers) 관련 컨설팅을 할 수 있을 것이다. 지난 15년 간 인사총무팀에서 회사 생활을 한 사람은 취업 전문 컨설턴트나 퇴직자 전담 프로그램 기획자로 변신할 수 있을 것이다. 내가 활동하던 동네 말고 다른 동네로 눈을 돌리면 엄청난 기회를 찾을 수 있다. 전혀 다른 생태계에 기회가 널려 있다는 점을 잊지 말자.

어린이천문대 사례로 보는 시장 세분화

고객의 니즈는 모두 제각각 다르다. 모든 고객이 동일한 니즈를 가지고 있다면 고객 또는 시장의 세분화도 필요 없을 것이다. 그래서 사업자나 프리랜서의 역량을 가능한 한 작은 시장에 집중하기 위해서 시장을 세분화해야 한다. 제품에 대한 다른 니즈, 유지보수 및 서비스에 대한 다양한 니즈, 새로운 기술력에 대한 니즈, 가격 민감도에 따른 다양한 니즈 등 고객의 니즈를 우리는 거의 무한대로 세분화할 수 있다. 시장 세분화라는 개념이 있기 때문에 어쩌면 우리는 행운의 기회를 얻을 수 있을지 모른다. 시장을 쪼개면 쪼갤수록 상대하는 시장 규모와 타겟 고객이 작아지므로 작은 회사 입장에서 해 볼만한 게임이 되는 것이다. 일단 매우 작은 시장에서 1등이 될 생각을 해야 한다. 하고 싶은 게 너무 많아 이것도 하고 싶고 저것도 하고 싶다고 해도 일단은 참아야 한다.

시장 세분화 (Market Segmentation)는 여러 질문들을 스스로에게 던지고 답을 해 봄으로써 이루어지는, 이에는 몇 가지 기준이 있다. 시장 세분화는 식별이 가능해야 하고, 타당해야 하고 그리고 측정이 가능해야 한다. 해당 세그먼트의 규모, 성장성, 구매력, 거래비용 등이 유의미해야 한다. 잠재고객을 발굴할 때 세일즈 담당자가 던져야 하는 질문들은 다음과 같다.

시장 세분화를 고려할 때 자문해야 할 것들
- 우리의 고객은 누구인가?
- 그 중에서도 정말 소중한 고객은 누구인가?
- 고객을 둘러싼 기존 경쟁자들은 누구인가?

- 기존 경쟁자들과의 비교우위는 무엇인가?
- 시장에서 이익을 낼 수 있는가?
- 시장은 성장하고 있는가?

시장 세분화와 관련하여 '어린이천문대' 사례를 보자. 어린이천문대는 2000년대 초반에 연세대학교 산하 어린이천문대로 시작하여, 2005년에 일산에 최초로 설립된 어린이 전용 사설 천문대이다. 어린이들은 이 곳에서 사계절 별자리, 태양과 달, 별과 은하, 인공위성과 우주탐사, 외계 생명체 등을 아우르는 교육 콘텐츠를 직접 보고 배운다. 건물 옥상에 있는 거대한 돔이 열리면 정밀한 천체망원경이 나와 반짝이는 별을 감상할 수 있고, 강의장에서는 우주과학에 관한 이야기를 이해하기 쉽고 재미있게 배운다. 설립된 지 10년 만에 일산, 분당, 동탄, 의왕, 별내, 송파하남, 판교, 안산, 세종, 울산, 용인 등 전국 20개 이상의 지소를 두고 있고, 확장이 점차 빨라지는 추세다.

어린이천문대는 몇 가지 의외의 전략을 택하였다. **첫째**, 오직 어린이만을 대상으로 하였다. 그중에서도 초등학생만을 대상으로 한다. 그러나 기존의 사설 천문대는 연인, 가족, 청소년, 어린이 등 거의 전연령대를 타겟으로 했었다. 즉 공략 대상을 철저하게 줄인 것이다. **둘째**, 서울에서 가까운 신도시를 위주로 공략했다. 신도시는 평균적으로 어린이 자녀를 둔 부부들이 많이 살고 있고, 그 부모님들 특히 엄마끼리의 교육적인 면에 있어 연대감이 끈끈하다. 엄마들끼리는 자녀교육 등 무엇이든 같이 하려는 경향이 짙기 때문에 입소문의 효과가 엄청나다. 어린이를 대상으로 하는 비즈니스로서는 정확한 타겟 설정이다. 서울에는 단 한 개의 어린이천문대도 없으며, 천문대가 있기 최적의 장소인 소위 산골짜기에도 없다. 기존의 사설 천문대들이 별을 잘 볼 수 있는 환경적인 측면에 집착하여 대부분 도시에서 먼 시골에 위치한 것과는 사뭇 대조적이다. 이는 거리가 멀기 때문에 접근성이 매우 떨어진다.

따라서 어린이천문대의 경우, 인구통계학적인 나이에 따른 시장 세분화 (물론 어린이를 타겟으로 했다는 말은 어머니를 타겟으로 했다는 말과 같은 의미일 수 있다. 그러나 어차피 그 세분시장은 서로 다르게 구별되는 것이 아니기 때문에 여전히 똑같은 차원으로 설명된다.) 그리고 사회지리학적인 지역에 따른 시장 세분화가 적용되었다. **무조건 타겟을 줄여라. 그리고 한 두 번 더 줄여라. 그러면 그 좁은 공간에서 기회를 발견할 수 있을 것이다.**

불황에도
잘나가는
사람들의
영업비밀

골프 못 치는 사람들을 위한 골프공, 크롬소프트

세계 넘버원 골프공은 타이틀리스트 (Titleist Pro V1). 골프 프로는 물론 그냥 취미로 즐기는 주말 골퍼들도 모두가 아는 사실이다. 골프에 막 입문한 초보 골퍼조차도 써 보지는 않았더라도 그 이름만은 다 안다. 전세계 골프 프로들이 주로 이 골프공을 쓴다. 타이틀리스트 골프공 특유의 딱딱한 타격감과 반발력 때문이다. 전방에 나무와 같은 장애물이 있을 때 휘어서 칠 수도 있고, 짧은 거리나 경사진 곳에서는 감아치기 등의 기술을 구사할 수 있다. 어차피 고수들은 원 볼 플레이 (one ball play: 공 하나로 18홀 다 돌기) 가 가능하니 이 보다 더 좋을 수 없다.

문제는 골프 초보들이다. 일단 너무 비싸다. 12알 들이 한 세트를 대략 6만 원 정도에 판다. 그러면 한 알에 5천 원이란 얘기다. 보통 초보 골퍼들은 18홀 라운딩 한 번 나가면 골프공을 스무 개도 넘게 잃어버리기 일쑤이니까 함부로 쓸 수가 없다. 프로가 아니기 때문에 공을 잘 잃어버리고, 워낙 공이 작아 중앙에 제대로 맞지를 않는다. 그래서 공이 어디로 간지 알 수 없을 때 그 넓은 골프장에서 공을 찾을 수가 없는 것이다. 5천 원짜리를 스무 개 정도 잃어버리면 엄청난 돈이다.

타이틀리스트 골프공의 위상은 꽤 오래되었고, 시장점유율에서도 압도적이다. 프로들이 많이 쓰니, 비록 조금 비싸긴 해도 아마추어들도 자연스럽게 타이틀리스트 공을 사용한다. 장비 욕심 난다는 게 이런 게 아닐까 싶다. 하지만 가뜩이나 실력도 안 되는데 공의 특성도 못 살리는 중수 이하의 아마추어들은 이러지도 저러지도 못하는 모호한 상황이었다. 바로 이런 틈새를 뚫고 들어온 경쟁자가 바로 캘러웨이 크롬소프트 공이다.

일단 크롬소프트는 공이 물렁물렁하다. 반발력이 높아 일단 대충만 맞아도 공이 앞으로 간다. (초중급 골퍼들에게 가장 중요한 건 바로 공이 앞으로 나가는 거다. 대부분 옆으로 가거나, 떼굴떼굴 구른다.) 그리고 멀리 간다. (골퍼들에게 공을 멀리 보내는 것은 거의 로망에 가깝다.) 게다가 공의 문양이 컬러풀하고 입체적으로 보여서 공이 크게 보인다. (원래 골프공은 작지만, 크롬소프트 특유의 문양 때문에 골프장에서 골프공이 특별히 작아 보인다.) 또한 크롬소프트는 타이틀리스트에 비해 가격도 저렴하다.

바로 이 신제품으로 결코 깨질 수 없으리라 생각하던 골프공 시장을 흔들어 놓았다. 골프를 프로처럼 잘 치고 싶고, 경제적으로도 절감할 수 있기를 바라는 초중급 취미 골퍼. 그들이 바로 잠재고객 페르소나 (Prospect Persona)이다. 시장과 소비자를 잘 관찰하면 수요가 보인다. 그 수요를 타겟을 삼아야 한다. 어설프게 20~30대 여성이라는 식의 타겟은 안 된다. 너무 넓다. '20대 중반의 테헤란로에 위치한 회사를 다니며 1기 신도시에 거주하는 대졸 여성'과 같이 마치 어느 한 사람을 특정하듯 정해야 한다. 혹시라도 지금 본인의 타겟 고객이 이렇지 않다면, 당장 타겟 고객을 재정립하라. 고객군을 더욱 명확하게 규정해야 하고, 좀 더 구체적으로 규정해야 한다.

▶ 크게 보여 잘 맞고 OB 안 나는 초보들을 위한 골프공, 캘러웨이 크롬소프트

시장의 수요가 먼저다. 욕망은 나중에 챙기자

어떤 일을 하고 싶은가? 무엇이 되고 싶은가? 어제오늘 고민이 아니다. 오래된 생각이다. 누구나 비슷한 고민을 하고 산다. 잊을 만하면 고(故) 신해철 님이 소리 지르듯 불렀던 노래, "니가 진짜로 원하는 게 머야(1999년 作)"가 떠오르고, 그때마다 마음을 다잡아 보기도 한다. (참고로 가사는 '그 나이를 퍼 먹도록 그걸 하나 몰라! 내 전부를 걸어 보고 싶은 그런, 니가 진짜로 원하는 게 머야…'식이다.) 아무튼 심사숙고 끝에 어렴풋이 나의 영역을 정했다 치자. 그래서 콘텐츠도 개발하고 책도 쓰고 틈새시장을 찾아 좁은 영역에서 나만의 깃발을 꽂았다 치자. 당신은 명함을 파고, 그 위에 뭐라고 쓸지 한참을 고민할 것이다. 직장에 있을 때 보다 초라해진 타이틀을 보충하기 위해 10년 전 다녔던 MBA 졸업 사실도 적어 넣을 것이다. 그리고 나만의 직업을 차별화하는데 온 힘을 기울일 것이다. 국내 1호 수면 컨설턴트, 스타트업 세일즈 코치, 과학전문 기자, 애완동물 전문 포토그래퍼 등등…

그런데 여기서 잠시 멈추어야 한다. 반드시 염두에 두어야 할 점이 있기 때문이다. 잠시 멈추고 생각해 볼 게 있다. 비전을 생각하는 건 좋지만, **우리에겐 더 중요한 것이 있다는 점. 그건 바로 돈을 버는 것이다!** 내가 하고 싶은 것이나 되고 싶은 것은 돈을 번 다음의 문제다. 우리는 애들이 아니다. 내가 어떤 타이틀을 갖는가에 대해서는 그나마 시간적으로 여유가 있지만 돈 버는 건 그렇지 않다. 시간은 기다려 주지 않는다. 독립을 하게 되면 퇴직금과 실업 급여 정도에 기댈 수 있을 텐데, 탈탈 털어 봐야 기껏 1년 정도밖에 버틸 수 없을 것이다. 부양가족이 있는 사람은 6개월도 못 넘긴다. 그러므로 독립은 장난이 아니다. 회사를 다닐 때는 끝없는 일과 꼴 보기 싫은 인간들 때문에 토할 것 같지만, 그래도 돈은 번다. 이유는? 회사는 일 년 내내 돈 벌 생각만 하기 때문이다. 반면에 독립을 준비하는 사람들은 지나치게 타이틀에 목매다는 경우를 많이 보게 된다. 남들에게 보이는 것들, 뭐 그런 거 말이다.

늘 수요과 공급의 미스매치를 조심해야 한다. **즉 내가 정한 전문 영역과 서비스가 과연 사람들이 원하는 게 맞는지 고민해 봐야 한다.** 가령 세일즈 컨설턴트가 되기로 마음먹었다 치자. 내가 그리는 그림은 이럴 것이다. 적어도 6개월 이상 클라이언트를 맡아 주 1회씩 방문 미팅을 하면서 세일즈 프로세스를 잡아주고 경영 성과를 점검해 주는 일. 그러니까 월 300만 원씩 해서 총 1천8백만 원짜리 프로젝트를 맡고 싶을 것이다. 그런데 한 번 생각해 보자. 컨설팅 경력이 일천한 1인 기업에게 그런 컨설팅을 의뢰하는 기업이 과연 많을까? 그건 시간이 좀 지나서 바랄 일이다. 클라이언트로부터 의뢰가 올 때까지 전화기만 쳐다보고 있을 것인가? 그럴 순 없다. 다른 방법으로 일단 수익을 창출해야 할 것이다. 강의를 해 보는 건 어떨까? 컨설팅 수요보다는 강의 수요가 훨씬 많으니까. 나 자신을 수준 높은 컨설턴트로 브랜딩 하는 것은 얼마든지 좋지만, 당장 강의 의뢰가 더 많이 들어온다면 '강사'로서 활동하는 것이 결코 흠이 되지 않는다. 어차피 내 강의에 만족한 사람은 컨설팅 의뢰까지 할지도 모르고, 그 둘은 서로 연결이 되어 있지 피해야 할 일은 아니다.

언제나 수요를 우선시 하자. 현금의 흐름을 중요시 하자. 사람들이 원하는 것(수요)과 현금의 흐름을 보고 그쪽으로 가자. 돈을 벌기 위해서는 사람들이 바라는 일을 해 주어야 한다. 사람들의 문제를 해결해 주어야 한다. 공간 디자이너라면 유명 패션쇼 무대 디자인이나 백화점 로비 성탄절 인테리어 프로젝트를 맡아 실력을 발휘하고 싶을 것이다. 하지만 처음에는 구청으로부터 의뢰받아 횡단보도 앞 그늘막부터 설치해야 할지 모른다. 커뮤니케이션 스피치 전문가라면 기업 현장에서 프레젠테이션을 코칭하고 싶을 것이다. 하지만 처음에는 입시 면접 잘 보는 법 강의부터 해야 할지 모른다. 내가 바라는 일과 사람들이 바라는 일은 다를 수 있다는 점을 인식하자. 다르다면 사람들이 바라는 일이 우선이다. 내가 바라는 건 잠시 양보해야 한다. 그래야 돈을 벌 수 있기 때문이다. 사람들이 원하는 것이 무엇인지 늘 점검하자. 일단 생존해야 한다. 그래야 큰 그림도 그릴 수가 있다. **시장의 수요가 먼저다. 나의 욕망은 나중에 챙겨야 한다.**

불황에도
·
잘나가는
·
사람들의
·
영업비밀

03

콘텐츠 마케팅으로 개인 브랜드를 구축하라

구글의 첫 페이지에 검색이 되어야 한다

망망대해에 둥둥 떠 있는 나. 직장을 그만두고 독립을 준비하고 있는 나의 자화상이다. 아무도 도와주지 않고 동료도 없다. 출퇴근만 자유롭지, 마케팅, 세일즈 모두 혼자서 해 내야 한다. 연애를 책으로만 배우면 안 되듯, 마케팅과 세일즈 역시 책으로 배우면 한계가 있다. 주변을 둘러보면 더 작아진다. 어쩜 그리 실력자들이 많은지… 유학파, 석박사, 자격면허 보유자들은 간판으로 기 죽이고, 번뜩이는 아이디어로 먹고사니즘을 이미 해결하신 분들의 기세도 장난이 아니다. 나는 그들 틈바구니 사이에서 나의 존재를 알려야 한다. 사람들이 나를 인지하도록 하고 나에게 주문을 하게 만들어야 한다. 이왕이면 그들이 나를 전문가로 인정하면서 일을 의뢰했으면 좋겠다. '을(乙)'이지만 '갑(甲)'처럼 고객을 상대하고 싶다. 나의 명성이 자자하다면 알아서 발주가 들어오겠지만 이 책을 읽는 사람이라면 그럴 리 만무하다. 그러니 어쨌든 나를 알려야 한다.

나를 알리는 길? 그건 다름 아닌 광고 홍보의 영역이다. 그러나 이쪽 영역은 건드리면 건드릴 수록 돈이 엄청나게 많이 드는 건 상식 중의 상식. 그리하여 광고 쪽은 꿈도 꿀 수 없다. 돈 쓰는 건 허용되지 않는다. 돈 안 들이고 나를 알리는 방법이 필요하다. 다행히 방법은 있다. 돈 없이 할 수 있는 거의 유일한 방법, 바로 인바운드 마케팅(Inbound Marketing)이다.

인바운드 마케팅이란, 정보나 콘텐츠를 공급함으로써 잠재 고객을 유인하여 그들이 스스로 찾아오게끔 만드는 마케팅 기법을 말한다. 특히 온라인 채널을 통해 양질의 콘텐츠를 전방위적으로 제공하여 잠재 고객을 움직이는 것이 중요하다. 사람들의 관심을 끌어 모으고 유인하기 위해서는 무엇보다 콘텐츠가 핵심이다. 이는 광고를 대체할 수 있는 거의 유일한 방법으로서, 블로깅, 소셜 미디어 그리고 검색 엔진 최적화 등을 활용하는 것을 익혀야 한다.

모든 것을 온라인으로 검색하는 세상. 맛집 검색부터 명의(名醫) 검색까지... 고관여 제품이든 저관여 제품이든 무조건 온라인이다. 귀여운 우리 집 강아지 데려갈 만한 애견 카페를 검색할 때도, 스타트업 전문 세일즈 컨설턴트를 수소문할 때도 무조건 온라인으로 검색해보고 결정한다. 검색부터 구입까지 전부 다. 따라서 인터넷에 나 혹은 내 브랜드가 노출되어야 한다. 국민 동요 "텔레비전에 내가 나왔으면 정말 좋겠네~"는 이제 "인터넷에 내가 나왔으면 정말 좋겠네~"로 바뀌어야 한다. 인터넷에 나오지 않는다면, 홍보가 안 되는 것을 떠나 더 큰 문제가 있다. 그렇지 않으면 소비자들은 신뢰를 하지 않게 된다. **인터넷에서 검색되지 않는 제품이나 서비스, 프리랜서나 1인 기업은 공신력이 떨어진다는 얘기다. 공신력이 떨어진다는 얘기는 브랜딩도 바랄 수 없다는 얘기다.** 따라서 인바운드 마케팅은 모든 것에 우선하며, 회사와 개인 가릴 것 없이 브랜딩의 처

불황에도
잘나가는
사람들의
영업비밀

음이자 끝이다.

그런데 검색만 되는 것만으로는 모자라고 한 걸음 더 들어가야 한다. 검색 엔진의 첫 페이지에 검색이 되어야 한다. 대부분 사람들은 검색 결과의 두 번째 페이지까지 넘기는 수고를 하지 않기 때문이다. 구글에서 검색을 했을 때 무조건 첫 번째 페이지에서 검색이 되어야 한다. 그래야 잠재 고객들은 내가 제공했던 콘텐츠를 클릭하게 된다. 그러면 클릭을 타고 들어와 내 홈페이지나 내 소셜 미디어 혹은 내 쇼핑몰로 유인된다. 검색 결과 10페이지쯤에 겨우 나와봐야 아무 소용이 없다. 구글의 첫 페이지에 내가 검색이 될 때까지 노력해야 한다. **그러려면 내가 할 일은 콘텐츠를 공급하는 일이다. 재밌거나 감동적이거나 아니면 유익하거나. 양질의 콘텐츠를 제공해야 한다.** 내가 가진 경험을 공유할 수 있어야 하고, 나의 브랜드에 대해 밤새도록 떠들 수 있어야 한다. 할 이야기가 없다면 그 무엇도 시작하지 않는 게 낫다. 콘텐츠를 제공할 수 없다면 돈 들여 광고를 하는 수밖에 없다.

그렇다면 얼마나 많은 양의 콘텐츠를 공급해야 할까? 또 얼마나 오랫동안 콘텐츠를 제공해야 검색 엔진에 효과적으로 노출이 될 수 있을까? 너무 많은 경우의 수가 있겠지만, 단도직입적으로 말하면 주 2회 포스팅 그리고 1년 이상 꾸준히 하라고 권장한다. 주 2회 포스팅은 과학적인 근거까지는 모르겠으나, 대부분의 크리에이터들이 공감하는 내용이다. 유명한 유튜브 크리에이터 '대도서관(www.youtube.com/user/BuzzBean11)' 역시 일주일에 2개 이상은 반드시 업로드를 해야 한다고 설파하였다. 이에 대해서는 필자도 직접 경험을 하였으므로 자신 있게 추천을 드린다. 유명 크리에이터들과는 한참 거리가 있지만, 2017년 초부터 딱 1년 동안 홈페이지와 페이스북에 꾸준히 칼럼을 올리는 것만으로 구글에 검색이 되기 시작했다. 언제 순위가 떨어질지 모르나, 구글에서 '세일즈'라는 키워드로 검색을 하면 필자의 홈페이지가 가장 첫 페이지에 나온다. 필자가 한 일은 그저 매주 홈페이지에 칼럼을 올린 것뿐이다. 엄청나게 대단한 콘텐츠를 올리는 것보다는 꾸준히 지속적으로 포스팅하는 것이 중요하다는 점을 꼭 잊지 말자.

참고로 여기서 한 가지 분명히 짚고 넘어갈 것이 있다. 우리가 검색을 논할 때, 과연 어떤 검색어를 치고 들어와야 유효할까? 무슨 말이냐 하면, 만일 검색어가 내 이름이나 내가 차린 회사 이름이라면 그 검색이 의미가 있을까? 그건 의미가 없다. 고유명사를 쳤을 때 검색이 되는 건 당연하니까. (물론 내 브랜드를 검색했는데도 내 브랜드가 검색이 안 되는 건 노답이라고 할 수 있다.) 그러니까 '관련어'를 검색했을 때 내가 나오는 것만이 유효하다. 예를 들어, 내가 세일즈 코치라면 '세일즈'를 검색했을 때 내가 검색이 되어야 의미가 있으며, 내가 서교동에서 독립서점을 운영한다면 '독립서점'만 검색해도 내 서점이 노출

불황에도
잘나가는
사람들의
영업비밀

이 되어야 의미가 있다는 말이다. 보통 명사를 검색했을 때 나 혹은 나의 브랜드가 검색되어야 한다. 어떤 검색어나 키워드로 대변되는 특정한 영역을 내가 접수해야 한다는 걸 의미한다.

문과라서 죄송합니다? 아니, 이과라서 죄송합니다

많은 기업을 상대로 강의나 컨설팅을 하다 보면 가장 자주 듣게 되는 질문(FAQ)이 있다. 어떻게 하면 고객을 발굴할 수 있는가? 아주 근본적이고 당연한 질문이다. 이때 필자 역시 2가지 근본적이고 상식적인 답을 할 수밖에 없는데, 첫 번째는 아웃바운드 세일즈, 두 번째는 인바운드 마케팅이다. 아웃바운드 세일즈는 전통적인 영업 방법론으로서, 전화, 이메일 그리고 방문 미팅을 통해서 잠재 고객을 직접 찾아가 우리 제품이나 서비스를 사 달라고 요구하는 행위. 그리고 인바운드 마케팅은 양질의 콘텐츠를 잠재 고객에게 제공함으로써 그들이 스스로 찾아오게 만드는 행위를 말한다. 이렇게 설명을 하면 그 반응들이 참 재밌다. 거의 대부분 일단 첫 번째 방법을 말할 땐 별로인 듯 표정이 어두워지고, 두 번째 방법이 끌리기는 하는데 문제는 콘텐츠를 도대체 어떻게 만드냐, 거기서 막힌다는 하소연을 듣게 된다. 콘텐츠 제작? 블로그 포스팅? 과연 무엇을 제공해야 하는지... 문예창작과를 졸업한 것도 아닌데 어떻게 글을 쓰는가? 이런 반응들이 많다.

안타까운 부분이다. 콘텐츠를 공급하라고 하면 너무 거창하게 생각하는 경향이 있다. 결코 그렇지 않은데 말이다. 양질의 콘텐츠라고 하는 것은 결코 수준이 높음을 의미하는 것이 아니다. 양질의 콘텐츠라고 하는 것은 '진실한' 이야기를 말하는 것이다. 양념을 치지 않은 그냥 솔직한 나와 내 브랜드 이야기, 내가 경험했던 경험과 사연, 이런 것들은 나의 경험이기 때문에 남들과 같을 수도 없고 표절일 수도 없다. 남들과 비슷한 경험을 했어도 내가 느낀 점은 다를 테니까. 내 전문 분야에 대해 프로세스를 정리하고 노하우를 공유한다면 금상첨화다. 예를 들어서 내가 식당을 운영한다고 치자. 우리나라 전체 외식업소 수가 50여만 개라고 하니 내가 해봤자 뻔할 것이라고 체념하는 경우를 보게 된다. 그러나 메뉴를 개발하고, 매장을 임차하고, 동네 상권을 분석하고, 알바를 고용하고, 여러 마케팅을 시도했던 나만의 경험을 있는 그대로 정리하면 그 자체가 엄청난 콘텐츠가 된다. 가게 문을 열고 닫을 때까지 어떤 프로세스로 매장 운영이 진행되는지를 정리한다면 식당을 준비하는 수많은 예비 창업자들에게 소중한 사례가 된다. 성공했다면 성공한 대로, 실패했다면 실패한 대로 의미가 있다.

물론 콘텐츠를 창작하는데 문과적 기질이 조금 도움이 되는 것이 사실이다. 남들보다 수월하게 글을 쓸 수 있다면 블로그 하는 속도도 빠르고 아이디어도 반짝반짝할 테니… 인바운드 마케팅의 시대, 콘텐츠 마케팅의 시대 그리고 초연결성의 시대에는 문과적 기질이 도움이 된다는 것을 부인할 수는 없다. 그렇게 따지면 요즘 회자되는 '문과라서 죄송합니다.' 즉 '문송합니다.'라는 말은 이제 이렇게 바뀔 때가 됐다. '이송합니다.(이과라서 죄송합니다.)' 물론 그렇다고 이과 출신들이라고 해서 실망하지 마시라. 필자 역시 천문학과를 졸업한 이공계 출신이다. 너무 그런 것에 연연하지 말고 지금이라도 시중의 서점이나 공공 도서관에 가서 책을 읽고 잡지를 보고 흉내부터 내 보자. 남들이 쓴 작품을 참조하되 나의 이야기를 하면 된다. 분야마다 다를 수는 있지만, 가장 좋은 방법은 관련 산업에 대한 매거진을 운영한다고 생각하는 것이다. 내 전문 분야에 대한 모든 배경 지식과 사연을 담아서 온라인에 포스팅하면 된다. 그것이 쌓이면 궁극적으로 구글의 첫 페이지에 검색될 수 있다.

예를 들어보자. 만약에 경영 컨설턴트를 준비한다면 어떤 콘텐츠가 좋을까? 컨설턴트는 그나마 쉽다. 내 전문 분야에 대한 칼럼을 쓰면 되니까. 내 전문 분야에 대한 이론과 사례, 업무 프로세스, 관련 지식과 노하우를 홈페이지에 담으면 된다. 그리고 소셜 미디어를 통해 퍼 나르고 유튜브나 팟캐스트를 통해 샘플 강의를 해도 좋다. 그래픽 디자이너의 경우, 홈페이지에 포트폴리오를 세부적으로 소개하는 것으로 시작하여, 클라이언트와 함께 작업했던 이야기, 디자인 작업 프로세스 소개,

국내외 그래픽 디자인 관련 소식과 트렌드를 이야기하자. 자전거 액세서리 제작자의 경우, 자전거 동호회와 자전거 여행 이야기, 라이딩 코스 소개, 자전거 매장과 수리 정비 노하우, 신제품 소식, 바이크 관련 행사와 대회 소식, 안전과 응급처치에 대한 이야기를 다룰 수 있다. 코인 셀프 세탁소의 경우, 옷감별 세탁 방법, 세탁을 기다리면서 즐길 수 있는 책과 음악 그리고 커피에 대한 소개, 주변 동네와 거주자들에 대한 독특한 스토리를 다루면 될 것이다. 내가 얼마나 이 분야에 대해 열정이 많은지, 얼마나 사랑하는지, 그동안 얼마나 많은 인연이 있었는지... 그런 이야기를 다루면 그게 바로 '진실한' 이야기다.

콘텐츠 마케팅, 어떤 주제를 다뤄야 할까?

콘텐츠 마케팅의 목표는 잠재 고객과 연결되는 것이다. 사람들은 거의 모든 것에 대한 정보를 온라인에서 얻기 때문에, 사람들이 온라인 상에서 나를 쉽게 찾을 수 있도록 해야 한다. 수십 년 전에는 그 방법이 광고였지만, 이제는 콘텐츠가 그 자리를 차지한 지 오래다. 더군다나 오로지 광고만 가지고 고객을 확보할 수 있다고 생각한다면 이미 프리랜서가 아닐 테다. **프리랜서가 일반 기업을 이길 수 있는 유일한 방법은 콘텐츠다.**

사업자나 프리랜서는 잠재 고객과의 연결을 항상 염두에 두어야 한다. 모든 고객 채널을 연결의 개념으로 바라보고 최대한 소비자와의 연결의 접점(Touchpoint)을 늘려야 한다. 잠재 고객과 연결될 수 있는 채널은 많다. 홈페이지, 블로그, SNS, 유튜브, 팟캐스트 등이 그것이다. 이런 채널을 통해 주기적으로 콘텐츠를 포스팅해야 한다. 몇 가지 원칙만 지켜서 콘텐츠를 공급한다면 틀림없이 인바운드 고객을 끌어들일 수 있다.

❶ 전문적인 지식

콘텐츠를 만드는 것에 대해서 궁금한 사람들이 많다. 도대체 어떤 주제와 내용을 다뤄야 할지 감이 오지 않거나, 감은 있는데 어디서부터 시작해야 할지 막연한 경우가 많은 듯하다. 그런데 그것은 누가 가르쳐준다고 해서 될 일이 아니다. 자신이 전문성이 있다고 주장하면서 콘텐츠 만드는 것이 어렵다고 한다면 난센스지 않은가? 박사 학위 보유자는 당연히 학위 논문이 있을 것이다. 그 논문이 바로 콘텐츠다. 그는 논문을 썼기에 그는 자타가 공인하는 전문가의 반열에 오를 수 있다. 즉 프리랜서가 다룰 수 있는 콘텐츠 중 하나가 바로 자신이 보유한 전문적인 지식이다.

나 역시 영업에 관한 글을 지속적으로 올렸다. 8가지 세일즈 직무들 (Sales Positions), 세일즈 프로세스 관련 용어 정리, 세일즈 인센티브는 어떻게 책정해야 할까, 개발팀 vs. 영업팀의 갈

등 해결 방법, 마케팅으로는 얻을 수 없는 거절의 이유, 미팅 약속 당일 아침엔 알림 문자를 보내자, 고객에게 먼저 전화하는 요령, 나쁜 고객 골라내는 방법, 프레젠테이션 잘하는 법, 일 잘하는 노하우 직무기술서 작성하기 등 영업에 관심이 있는 사람이라면 누가 봐도 궁금해할 만한 영업 노하우와 지식을 다루었다.

❷ 인터뷰

주로 유튜브나 팟캐스트에서 사용할 수 있는 형식이다. 내가 진행을 하고 게스트를 초대해 이런저런 이야기를 나누는 것이다. 많은 라디오 방송이 이런 형식을 취하며, 팟캐스트 역시 마찬가지다. 내가 진행하는 팟캐스트 '퇴근후 한시간(http://podbbang.com/ch/12800)'도 이런 인터뷰 형식을 따랐다. 당연히 메이저급의 인기 팟캐스트만큼의 유명인사가 출연하지는 않는다. 하지만 내기 섭외할 수 있는 분들로 부담 없이 초대해 그들의 일과 삶에 대해 이야기하고 있다. 너무 처음부터 잘하려고 하지 말 것. 이 점을 꼭 강조하고 싶다.

콘텐츠를 다룰 때 꼭 최고의 퀄리티일 필요는 없다는 점이다. 현실적으로 그건 매우 어려운 일이다. 당장은 말이다. 나의 경우처럼 일단 시작을 할 때는 내 주변에서 가능한 것부터 하도록 하자. 수준에 대해서는 프리랜서로서 성공하여 나중에 셀럽의 수준으로 올라가면, 그때 고민해도 늦지 않다. 인터뷰 형식을 채택하면 여러 가지 장점을 누릴 수 있다. 우선 콘텐츠 제작이 쉽다는 점이다. 간단한 질문, 인물 조사 등 사전 준비만 하면, 게스트와 자연스럽게 대화식으로 풀기 때문에 부담이 적다. 한편, 게스트를 꾸준히 섭외하다 보면 나도 모르게 인맥이 넓어진다. 프리랜서로서 관련 주제를 지속적으로 다루다 보면 콘텐츠가 풍부해지고 비즈니스를 잘 이해할 수 있게 된다.

❸ 일상이나 업무의 기록

만일 디자이너라면 일을 다닐 때마다 액션캠이나 스마트폰으로 영상을 찍을 수 있다. 그냥 일상을 기록하면 된다. 어깨에 힘을 빼고 너무 완성도 높은 영상을 찍으려고 하지 말자. 고객의 요청에 대해 생각하고 구상하는 모습, 고객 미팅하러 가기 전의 마음, 미팅을 하고 나와서 느낌, 고객의 요구를 해석해서 디자인에 적용할 때 모습을 찍으면 된다. 디자이너의 일상을 그대로 보여주면 될 것이다. 노하우가 노출되지 않을까 하는 쓸데없는 걱정은 하지 말자.

기술과 노하우는 이제 일용품(Commodity)이 되었다. 나만 가지고 있는 기술은 더 이상 없다. 감추는 것이 아니라 적극적으로 공개해야 한다. 웬만한 노하우는 유튜브와 구글에 다 있다. 나의 기술을 특허로 막을 생각을 하지 말고 적극 공개하여 나를 대중들에게 연결시켜야 한다. 같은 수준의 프리랜서라도 어떤 사람은 자신의 디자이너 프로필만 공개를 하는 사람이 있고, 또 어떤 사람은 디자이너의 일상을 담은 유튜브나 팟캐스트를 방송하는 사람이 있다고 한다면 누가 더 대중들과 연결이 잘될지는 자명하다. 연결(Connectivity)에 대한 시대적 흐름을 깨닫기를 간절히 바란다.

❹ 웹툰과 같은 기막힌 아이디어

어떤 운동 관련 애플리케이션을 서비스하는 스타트업의 사례를 들어보겠다. 운동을 소재로 하는 서비스의 경우 어떤 콘텐츠를 다룰 것인가? 이 회사는 '용자의 365 다이어트'라는 웹툰을 연재했다. 토실토실했던 용자가 언덕배기에서 데굴데굴 굴러 곤두박질치는 준비운동을 시작으로 1월부터 12월까지 연중 에피소드와 운동이 소개되는 웹툰이다. 생생하게 현장감과 실재감 넘치는 표현과 동작을 깨알같이 묘사했다. 네이버 포스트 20만 팔로워를 자랑하는 인기 카툰인 '용자의 365 다이어트'를 기반으로 국내 유명 출판사에서 단행본으로도 출간이 되었다.

이렇게 인기를 끌 수 있었던 이유는 주인공인 용자가 나처럼 뱃살도 많이 나오고 뭘 해도 한 번에 잘 안 되는 평범한 사람이라는 공감대가 형성되었기 때문이다. 그러니까 콘텐츠의 내용은 전문성으로 승부를 걸거나 아니면 누구나 공감할 수 있도록 일상을 공유하면 된다. 평범한 회사였다면 그저 애플리케이션의 편리함을 강조하거나 우리 서비스가 얼마나 좋은지에 대해서 자랑만 할 것이다. 그러나 무릇 콘텐츠란 대중들이 좋아하고 관심이 있는 것이어야 한다.

> 실습

콘텐츠 주제 정하기 연습

■ 잠재 고객과 연결되기 위해서는 특히 온라인 상의 여러 채널에서 콘텐츠를 꾸준히 포스팅해야 한다. 문제는 많은 프리랜서들이 어떤 콘텐츠를 생산할 것인지 막연하게 생각하는 경우가 많다. 아래 표에서 본인에게 어울리고, 본인이 할 수 있는 주제를 골라서 V표를 해 보자.
(최소한 3개 이상 선택)

■ 세부적인 콘텐츠 종류 컬럼에 (기타:_____)는 각자 신선한 아이디어가 있으면 작성하고 체크 해 보자

콘텐츠 종류	세부적인 콘텐츠 종류	진행 가능 여부
전문적인 지식	직업 이야기	
	업무 이야기	
	용어 정리	
	실전 노하우	
	선배 경험담	
	기술 백서	
	뒷이야기	
	해외 소식	
	기타 :	
인터뷰 진행 (사회자 역할)	업계 전문가 초대	
	업계 대표 및 직원 초대	
	기타 :	
일상이나 업무의 기록	프리랜서(나)의 일상	
	프리랜서(나)가 최근 느낀 점	
	기타 :	

그 밖의 기막힌 아이디어	기타 :	
	기타 :	

어떤 채널로 고객을 유인해야 할까?

모든 채널에 앞서, 비즈니스를 영위하는 사업자는 홈페이지를 우선적으로 운영하는 것이 좋다는 점을 먼저 말하고 싶다. 홈페이지를 운영해야 하는 이유는 많다. 첫째, 홈페이지 자체가 잠재 고객들에게 공신력과 신뢰감을 줄 수 있다는 점, 둘째, 워드프레스, 윅스, 크리에이터링크 등 콘텐츠 관리 시스템(CMS)이 너무 사용하기 쉽고 사용료도 저렴하다는 점, 셋째, 검색 엔진 최적화(SEO)를 구현해 주어 검색에 잘 노출이 되고, 넷째, 구글 애널리틱스(Google Analytics)와 연동시키면 잠재 고객들의 유입 경로와 방문 행동에 대해 인구통계학적으로 분석할 수 있고, 다섯째, 구글 애드센스(AdSense)와 연동시키면 광고 수익까지 덤으로 챙길 수 있다. 무엇보다 블로그는 특정 회사에서 운영하는 플랫폼이라서 그 회사의 검색 엔진에서 검색이 잘 된다는 장점이 있기는 하나, 그러한 플랫폼은 결코 영원하지 않다는 단점이 있다. 과거 싸이월드(Cyworld)나 마이스페이스(MySpace)가 기억 나는가? 플랫폼은 계속 변한다. 따라서 시간이 흘러도 계속해서 글로벌 표준을 유지하고 있는 홈페이지를 중심에 놓고 생각하는 것이 바람직하다.

그 다음으로는 블로그를 해야 한다. 네이버 블로그는 네이버 검색 엔진에서, 티스토리나 브런치는 다음 검색 엔진에서 검색 노출이 잘 되기 때문에 하지 않는 것 보다는 하는 것이 당연히 도움이 된다. 각 회사의 블로그마다 장단점이 있는데 그런 것에 대해 너무 눈에 불을 켜고 비교 분석할 필요까지는 없다. 가령 네이버 블로그는 구글 애드센스 광고 대신 네이버 애드포스트로 광고를 붙여야 한다든가, 티스토리는 디자인에 대한 자유도가 비교적 높다든가, 브런치는 한국의 미디엄(https://medium.com)이랄까? UI가 미니멀하게 수려하고 포스팅이 좀 쌓이면 책으로 출간하기 편하다는 정도다. 일단 1~2개 정도는 하자. 그래도 한국은 네이버지! 라는 생각이 들면 네이버 블로그부터 시작하면 된다. 너무 많이 해도 시간 소비 대비해서 효율적이지 않을 수 있다.

차라리 텍스트 기반의 블로그를 여러 개 하는 것 보다 대세 미디어에 탑승하는 것은 어떨까? 유튜브나 팟캐스트 말이다. 필자도 '세일즈매거진'이라고 하는 유튜브 채널과 '퇴근후 한시간'이라는 팟캐스트를 운영 중이다. 시청자나 청취자로서는 예전부터 즐기고 있었지만, 내가 크리에이터가 되고자 할 때는 분명히 마음 속의 진입 장벽이 있었다. 처음 휴대전화 카메라를 켜고 녹화를 할 때 주변에 아무도 없었지만 웬지 누군가를 의식하기도 했다. 하지만 내가 아는 내용을 그냥 아는 후배에게 공유한다는 느낌으로 가볍게 하니까 아무 것도 아니더라. 지금은 일주일에 두 번 정도 그저 5분 분량으로 짧게 촬영해서 올리고 있다. 영상 촬영은 휴대전화로, 영상 편집은 어도비 프리미어로, 썸네일 제작은 미리캔버스라는 사이트에서 하고 있는데, 유튜브 강의를 몇 번 보면 누구나 할 수 있다. 결코 어렵지 않으므로 많은 분들이 시도했으면 한다.

잠재 고객을 발굴할 수 있는 채널들

소비자의 구매 프로세스가 변해감에 따라 기업의 마케팅과 세일즈 프로세스 역시 변하고 있다. 소비자들은 이미 스팸 메일과 콜센터의 아웃바운드 콜에 지쳤다. 세상이 점점 복잡해지고 일상이 너무 바빠져서 스팸을 받아들일 만한 시간이 없다. 또한 사회 인구학적 구조가 점점 세분화되어 나와 관련 없는 정보에 대해서는 철저히 외면하지만, 나에게 도움이 되거나 나의 욕구를 소비할 수 있는 정보에 대해서는 적극적으로 반응한다. 점차 많은 사람들이 소셜 미디어에서 그들의 생각을 표현하고 정보를 받아들인다. 이제는 누구나 페이스북, 인스타그램, 블로그 등을 이용한다. 또 팟캐스트를 즐겨 듣고 동영상으로 얻는 정보를 더 선호하고 신뢰한다.

그러한 이유로 소비자의 구매 프로세스는 확성기형에서 자석형으로 변했다. 제품의 특성과 가치를 확성기에 대고 소비자들에게 일방적으로 퍼뜨리는 푸시(push) 방식에서 우리가 스스로 매력적으로 보여 소비자들로부터 선택이 되는 풀(pull) 방식으로 변한 것이다. 어차피 인구통계학적인 어설픈 시장 세분화 가지고는 잠재 고객을 분류하기가 어려워졌다. 과거에는 가령 20대 여성을 타겟으로 하는 매스 마케팅(mass marketing)이 먹혔지만 지금은 20대 여성이 너무나 다양한 행동 패턴을 보이기 때문에 그런 푸시 전략은 효과가 없다. 기존 방식인 콜드콜, e-DM, 전시회, 광고 가지고는 효율이 너무 떨어져 새로운 방법이 필요했다.

다행히 여러 디지털 마케팅 툴(tool)을 중심으로 새로운 리드를 발굴하는 방법들이 개발되었다. 이는 과거 직관에 의해 마케팅 전략을 짜 오던 방식에서 철저히 데이터 분석에 의해 마케팅 전략 방식으로 변한 것이다. 웹 분석 도구인 구글 애널리틱스(Google Analytics)를 사용하면 어떤 사용자들이 우리 홈페이지를 방문하는지, 어떤 경로를 통해서 방문하는지, 홈페이지에 접속한 후 어떤 행동을 하는지에 대한 데이터를 파악할 수 있다. 그러면 누가, 어디서, 어떻게 행동하는지를 알 수가 있기 때문에 기업은 실시간으로 각 잠재 고객별로 개인화된 메시지와 마케팅 및 세일즈 활동을 할 수가 있는 것이다.

그렇다면 잠재 고객들이 우리 홈페이지에 들어오게 하기 위해서는 어떻게 해야 할까? 일단 우리의 콘텐츠가 정말로 매력적이어야 한다. 그것은 양질의 콘텐츠를 말한다. 특정 소비자들에게 가치가 있는 콘텐츠가 있어야 한다. 그 콘텐츠를 얻기 위해 잠재 고객들은 본인의 개인정보를 줄 수 있을 정도여야 한다. 그리고 그 정보를 담고 있는 홈페이지가 매력적이어야 한다. 정보를 손쉽게 찾을 수 있도록 해야 하며 다양한 디바이스에서 접속하더라도 변함없는 일관성을 유지하도록 반응형(responsive) 혹은 모바일 친화적(mobile friendly)이어야 한다.

또 잠재 고객들이 우리 홈페이지에 쉽게 들어오게 하기 위한 또 하나의 방법은, 검색엔진에 의해서 상위에 노출이 될 수 있도록 하는 것이다(SEO; Search Engine Optimization; 검색엔진 최적화). 검색엔진의 첫 페이지에 드는 일은 매우 중요하다. 구글의 첫 페이지는 트래픽의 약 90퍼센트 정도나 차지한다고 한다. 대부분의 사람들은 검색 결과의 첫 페이지만 보고 그 다음으로 넘어가지 않는다는 이야기다. 마지막으로 개인별 맞춤형 마케팅을 구현할 수 있도록 마케팅 자동화(marketing automation)를 적용해야 한다. 마케팅 자동화란 손쉽게 이용할 수 있는 여러 툴들을 활용하여 이메일 발송과 같은 일련의 마케팅 활동들을 자동화하는 것을 의미한다.

자, 이러한 디지털 마케팅 시대에 어떤 채널로 잠재 고객을 발굴해야 할까?

❶ 홈페이지와 양질의 콘텐츠

홈페이지에 백서, 이북(ebook), 웨비나(webinar), 연구자료 등의 정보들을 제공함으로써 잠재 고객의 신뢰를 얻어야 한다. 같은 콘텐츠라 하더라도 홈페이지 상의 배치를 바꾼다든가, 메시지를 바꾼다든가, 노출 시간을 바꾼다든가 하는 식으로 A/B 테스팅(A/B testing)을 해서 효율을 높이도록 한다. 확실한 콜투액션(Call To Action; CTA)을 배치하여 뉴스레터를 구독하게 한다든가 즉시 구매를 유도한다든가 해야 한다.

❷ 블로그와 양질의 콘텐츠

우리나라의 경우 아직은 그래도 네이버 검색엔진의 영향력이 크다. 검색엔진에 노출되는 것은 매우 중요하다. 그중에서도 상위에 노출이 되어야 실질적인 의미가 있다. 얼마 전까지만 해도 마케팅 에이전시나 일부 블로그 전문가들에 의해서 양질의 콘텐츠와 관계없이도 상위에 랭크되도록 하는 노하우가 있었다. 그러나 네이버 정책에 의해서 점차 그런 기술들이 힘을 잃고 있다. 따라서 가장 확실한 방법은 매력 있는 양질의 콘텐츠를 주기적으로 생산해 내는 것이다.

❸ 소셜 미디어

영원한 것은 없지만 여전히 페이스북은 잠재 고객들이 가장 많이 이용하는 채널이다. 전사적인 마케팅 플랜이 있을 경우 전략적으로 페이스북 광고를 집행할 수 있다. 광고를 하면 더 많은 도달수과 클릭수를 확보할 수 있다. 그 밖에 트위터, 링크드인, 인스타그램 등 다양한 채널들에 적합한 콘텐츠와 마케팅 이벤트로 버즈 마케팅을 할용할 수 있다. 중요한 것은 메시지를 내보내는 것보다 다양한 채널을 통해 잠재 고객들의 의견을 청취하는 것에 초점을 맞춰야 한다.

❹ 동영상

사람들은 점점 더 동영상을 선호한다. 유튜브는 세계 2위의 검색엔진이 된 지 오래다. 동영상은 텍스트 형태의 정보에 비해 정보 제공 효과가 33% 더 높다는 조사가 있다. 마크 저커버그(Mark Zuckerberg)는 '페이스북 뉴스피드의 가장 인기 있는 콘텐츠는 곧 비디오가 될 것이다"라고 할 정도다. 90초 이내의 짧은 클립으로 기업의 이미지 광고나 제품 소개 영상을 찍어서 올리면 기업의 이미지를 좋게 포장할 수 있다. 동영상 제작은 아이폰과 기본으로 탑재된 영상 편집 앱 만으로도 자막이나 오디오를 입힐 수 있고, 유튜브 자체에서도 간단한 동영상 편집, 자막처리, 오디오 더빙 등이 가능하다. 하지만 도저히 엄두가 안 난다면 쉐이커(Shakr)와 같은 온라인 비디오 제작 툴을 써서 그리 비싸지 않은 금액으로 제작할 수 있다.

❺ 팟캐스트

더 많은 사람들이 팟캐스트를 이용하고 운영하고 있다. 운전을 할 때나 이동할 때 또는 자기 전에 팟캐스트를 듣는다. 일반적으로 적극적인 지식 소비자가 팟캐스트를 더 많이 이용하는 경향이 있다. 그러므로 이 채널도 놓칠 수 없다. 주기적으로 오디오 (혹은 비디오) 콘텐츠를 제공하면서 해당 산업의 구루(guru)나 전문가를 초빙하여 토크쇼 형식의 진행을 한다면 기업의 공신력을 끌어올릴 수 있을 것이다.

❻ 추천(referral)

아무리 철저한 데이터 분석을 통해서 리드를 발굴하더라도 지인이나 기존 고객이 추천해 주는 리드만은 못하다. 우리 제품이나 서비스에 만족한 고객이 추천해 주는 리드는 그 확률이 매우 높다. 기존 고객은 우리의 제품이나 서비스를 너무 잘 알고 있으며, 아마도 잠재 고객을 소개 해 주기 전에 이미 우리 대신 세일즈를 해 주었을 것이다. 추천은 적절한 캠페인을 통해 더 많이 유도할 수 있다. 가령 지인을 추천해 줄 경우 할인 쿠폰이나 크레딧을 주기도 하고 과감하게 현금을 리워드로 주기도 한다.

❼ 컨퍼런스 및 행사에서 발표

권위 있는 행사에서 발표를 하고, 참석했던 사람들에게 전화나 이메일로 개별적으로 접촉하면 효과가 좋다. 잠재 고객은 상대에 대해 신뢰가 이미 쌓여 있고 발표를 들었다는 것 자체가 어느 정도 관심이 있다는 말이기 때문이다. 강력한 경쟁사가 있다면 더 적극적으로 행사에 참가해서 발표할 수 있는 기회를 잡아라. 경쟁사보다 반걸음 정도 앞설 수 있다.

인바운드 마케팅, 홈페이지가 우선이다

홀로 1인 기업을 운영하든, 작은 중소기업을 운영하든 상관없이 홈페이지는 기업의 얼굴이다. 출산을 위해 병원을 찾는 것부터 돌아가신 분을 위해 추모공원을 찾는 것까지, 말하자면 요람에서 무덤까지 모든 것을 온라인으로 검색하고 구입하는 세상에 홈페이지가 없다는 것은 상상할 수조차 없다. 모든 사람이 홈페이지를 검색하는 마당에 홈페이지를 제공하지 않는 건 너무 나이브하다. 일부 사람들은 블로그나 페이스북으로 홈페이지를 대체할 수 있다고 주장하지만, 홈페이지의 유용성이 너무 크기에 그런 의견에 공감하기 어렵다. 인바운드 마케팅의 컨셉을 생각할 때 홈페이지는 필수조건이다. 인바운드 마케팅은 소셜 미디어를 통해 잠재 고객을 유인하여 궁극적으로 랜딩 페이지(Landing Page)로 유입시키는 컨셉. 소셜 미디어에서 마케팅 활동을 통해 궁극적으로 소비자들을 끌어들여야 할 최종 목적지가 바로 홈페이지인 것이다. 블로그나 소셜 미디어는 세월이 흐르면 다른 플랫폼으로 대체가 될 것이다. 따라서 중심을 지켜야 하는 것은 홈페이지다.

다행인 것은 홈페이지를 만드는 것이 블로그보다 쉽다는 점. 아주 약간 과장한 말이지만, 과장을 빼더라도 블로그만큼 쉬워진 것은 사실이다. 콘텐츠 관리 시스템(Content Management System, CMS) 덕분이다. 워드프레스(Wordpress), 윅스(Wix), 크리에이터링크(CreatorLink) 등이 대표적이다. 알려진 대로 비전문가도 충분히 이해할 수 있으며, HTML을 전혀 몰라도 생성, 편집, 수정, 메뉴 구성을 자유롭게 할 수 있다. 오히려 설명하면 더 복잡하다. 그냥 블로그 하듯이 하면 된다. 예쁜 템플릿이 이미 마련되어 있어서 테마 디자인만 선택하면 금방 홈페이지는 만들어지고 내용, 즉 콘텐츠만 포스팅하면 되는 수준이다. 그래도 잘 모르겠으면 유튜브에서 '워드프레스 강좌' 혹은 '워드프레스 홈페이지 만들기' 등으로 검색하면 금방 익히게 될 것이다. 뿐만 아니라, 모바일 반응형이라 휴대폰으로 보이는 것도 걱정 없고 기본적인 검색 엔진 최적화(Search Engine Optimization, SEO)를 구현해 주기 때문에 온라인에서 검색도 잘 된다.

홈페이지를 만들면 좋은 점은 또 있다. 잠재 고객 분석을 할 수 있다는 점이다. 구글 애널리틱스(Google Analytics)를 홈페이지와 연동시키면 방문자의 유입 채널 경로와 방문 페이지를 파악할 수 있으며, 누가 접속했는지 인구통계학적인 분포를 한 눈에 볼 수 있다. 그래서 향후 홈페이지를 업데이트하고 개선하는 데에 근거를 마련할 수 있다. 원래는 구글 애널리틱스에서 특정 코드를 복사하여 홈페이지의 코드 헤드(head) 부분에 HTML로 삽입을 해야 하는데, 이 역시 워드프레스 등 CMS를 사용하면 그냥 클릭 몇 번만으로 자동 삽입이 되니 편리하다. 한편, 구글 애드센스(Google AdSense)라고 하는 것을 홈페이지에 연동시키면 광고 수익까지 바랄 수도 있다. 쉽게 말해, 내 홈페이지에 구글 애드센스를 붙였을 때 잠재 고객이 방문하여 그 배너 광고를 클릭하면 광고비가 나에게 들어오는 것이다. 물론 유입 방문자가 어느 정도는 되어야 유의미한 수익을 낼 수 있다.

CMS를 활용하여 홈페이지를 만드는 데 비용은 그리 비싸지 않다. 예를 들어 워드프레스와 웹 호스팅 번들 상품의 경우 월 2만 원 정도, 도메인 비용은 연 2만 원 정도 하기 때문에 홈페이지를 구성할 수 있는 총비용은 월 2만 원대로 충분하다. 물론 서버나 트래픽 용량이 커지면 유지 비용은 높아질 수 있다. 하지만 그래 봐야 예상 범위 내에서 움직인다. 한편, 웹 호스팅 서비스를 사용하면 이메일 계정과 용량을 함께 제공받는 경우가 많은데, 이럴 경우 네이버 메일이나 지메일 계정 말고 홈페이지 도메인과 동일한 이메일 주소를 얻을 수가 있다. 그러면 소비자들을 대할 때 좀 더 신뢰감을 줄 수 있을 것이다. 개인적으로 비즈니스를 본격적으로 하는 사람이라면 이메일 주소에 네이버 메일이나 지메일은 가급적 쓰지 말라고 조언하고 싶다. 엄청나게 중요한 사항은 아니지만, 비용이 많이 드는 것도 아니기 때문에 이왕이면 그랬으면 한다.

적은 돈으로 페이스북 광고하기

홈페이지와 블로그에 콘텐츠를 열심히 포스팅한다고 해서 누가 봐주는 것은 아니다. 무형의 콘텐츠도 하드웨어와 똑같다. 만들었으면 홍보를 해야 한다. 따라서 콘텐츠를 제작했으면 그것을 적절하게 노출시키는 것이 필요하다. 물론 가만히 있어도 언젠가는 알아줄 수 있을지 몰라도 그러기에는 우리에게 주어진 시간이 많지 않다. 콘텐츠 노출을 촉진시키는 방법 중 그래도 현존하는 가장 효율적인 방법이 바로 페이스북 광고다. 인플루언서 마케팅과 키워드 광고는 돈이 많이 든다. 반면 페이스북 광고는 비용 대비해서 가장 효과적이고 소액으로도 얼마든지 가능하다는 게 큰 장점이다. 심지어 몇천 원짜리 광고를 단 하루 동안만 집행할 수도 있으니 소규모 비즈니스 사업자에게 얼마나 좋은가? 그리고 주로 온라인을 기반으로 하는 인바운드 마케팅의 취지에도 맞고, 광고 관리자 페이지에서 캠페인 결과를 과학적으로 분석할 수가 있다. 페이스북 '광고 관리자'

계정에 접속하고 페이스북에서 가이드하는 대로 그대로 따라가면 광고 캠페인을 쉽게 만들 수 있다. 처음에는 조금 복잡해 보여도 차근차근 클릭클릭하면서 따라가면 금방 익힐 수 있을 것이다. 광고 집행 진행 과정을 아래에 간략히 캡처하였다.

❶ 광고 캠페인 만들기

광고 캠페인을 제작하는 방식은 2가지가 있다. 하나는 '간편 제작 모드' 즉 아주 필수적인 옵션만 선택해서 페이스북이 추천하는 대로 광고하는 방식, 다른 하나는 '단계별 가이드 모드'로 세부적인 타겟과 예산을 내가 원하는 대로 조절하는 방식이다. 아래 그림은 두 번째 방법인데, 처음에는 광고를 하려는 목표, 즉 마케팅 목표를 정하는 것으로 시작한다. 예를 들어 잠재 고객들에게 인지도를 높이려고 하는 건지, 댓글, 공유, 좋아요 등 잠재 고객들의 참여를 유도하려는 건지를 정하는 거다. 이 선택에 따라 페이스북은 그에 맞는 광고 캠페인을 제안해 준다.

❷ 타겟 만들기

온라인 광고를 할 때 타겟은 매우 중요하다. 쉽게 말해 내 광고 캠페인을 누구에게 노출시킬 것인지 정하는 것이다. 위치, 연령, 성별의 범위를 정할 수 있는 것은 당연하고, 잠재 고객들의 관심사에 맞춰 노출 타겟을 정할 수도 있다. 이를 상세 타게팅이라고 하는데, 인구통계학적 특성, 관심사 또는 행동을 분류하여 선택할 수 있다. 이는 페이스북 광고의 최대 장점이라고 할 수 있는데, 전통적인 광고 기법에 비해 정밀 타겟, 즉 조준 사격을 할 수 있어서 좋다. 페이스북의 광고 알고리즘, 그러니까 사람들이 페이스북에 들어와 콘텐츠를 조회를 하고 좋아요를 누르는 등의 행동을 계속 모니터링하기 때문에 가능한 일이다.

❸ 광고 미리보기와 계정 선택

마지막 단계는, 내가 집행하는 광고가 어떤 식으로 보이는지 확인하는 과정이다. 페이스북 데스크톱 뉴스피드, 모바일 뉴스피드에서 각각 어떻게 노출되는지 미리 볼 수 있다. 그리고 페이스북이 인스타그램을 인수했으므로 인스타그램에도 동시에 노출시킬 수 있으니 일석이조다. 계정과 캠페인 크리에이티브를 확인했다면 이제 광고 게시에 대한 승인을 요청하면 된다. 승인 과정은 짧게는 몇십 분에서 길게는 하루가 걸리기도 하는데, 인지력이 떨어지는 무분별한 광고를 걸러내기 위함이다. 예를 들어, 광고 캠페인 전체 화면 중에 글자가 너무 많을 경우 광고의 효과가 떨어진다고 판단하여 승인을 반려할 때가 있다.

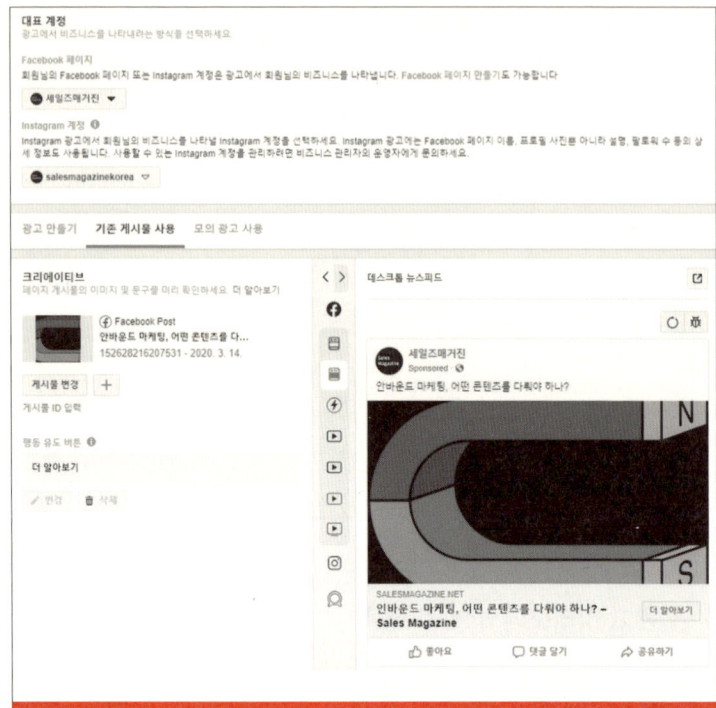

④ 광고 관리자

모든 광고 집행 절차가 끝내고 '광고 관리자' 페이지에 들어가 보면, 지금까지 모든 캠페인과 광고 세트에 대한 광고 집행 결과를 볼 수 있다. 광고의 도달 수, 노출 수, 클릭 수가 표시되고 지출 금액도 표시가 된다. 또한 광고에 노출된 잠재 고객들의 인구통계학적인 분포와 반응한 시간대별 분포까지 대시보드 형식으로 보여준다. 이를 통해 다음번 광고 캠페인에서 타겟을 변경한다든지, 노출 채널을 변경한다든지 해서 소위 A/B 테스트를 진행할 수 있다. 페이스북 광고는 데이터 기반의 마케팅, 비즈니스 인텔리전스(Business Intelligence) 기반의 경영을 할 수 있도록 도움을 준다.

불황에도
·
잘나가는
·
사람들의
·
영업비밀

비 대 면
접 점 으 로
대 중 들 과
소 통 하 라

불황에도
잘나가는
사람들의
영업비밀

마케팅 4.0 시대, 소비자들과 상시 연결되어라!

마케팅과 세일즈의 개념이 최근에 정말 많이 변했다. 마케팅 관점이 판매자 중심인 4P에서 소비자 중심인 4C로 변한 것이 벌써 20년 전쯤이다. 필립 코틀러(Philip Kotler)는 그의 저서 '마켓 4.0(Marketing 4.0)'에서 '초연결성(hyper-connectivity)'을 강조했다. 그는 제품 중심(마켓 1.0)에서 고객 중심(마켓 2.0), 인간 중심(마켓 3.0)으로 전환하는 시장 변화를 설명해 왔는데, 이제 마켓 4.0 시대에는 디지털로 모두가 연결된 다시 말해 우리 모두가 언제 어디서든 연결되는 '초연결자'라는 것이다. 넷플릭스, 스포티파이, 페이스북, 우버, 에어비앤비… 잘 보면 이들 모두는 연결의 무한 확장 혹은 연결의 재해석으로 골리앗이 되었다. 지금까지도 기업들은 '대중(大衆)'을 상대로 자사의 제품을 '일방향(one way)'으로 판매하는 관습에 젖어 있다. 그러나 이제는 대중이라는 말이 무의미해진다. 대중이라고 하는 것은 사람들을 하나의 덩어리로 보는 것인데 이제는 그게 좀 힘들다. 왜냐하면 요즘 세상에는 한 사람의 마음조차도 하나로 규정할 수가 없기 때문이다. 내 마음속을 나도 모른다. 그만큼 나라고 하는 한 사람의 소비자 행동 패턴도 뭐라고 규정하기가 어렵다는 말이다.

따라서 마켓 4.0의 시대의 기업은 언제나 소비자들과 연결되어 있어야 하며 그들과 계속해서 커뮤니케이션해야 한다. 그러려면 일단 이야깃거리가 있어야 한다. 억지로 지어내지 않는 나만의 매력이 있는 이야기 말이다. 매력적인 사람은 누구와 대화를 나눠도 1시간, 2시간 또는 그 이상 이야기할 수 있다. 예쁘든지, 잘 생기든지, 아니면 웃기기라도 하든지 감동적이든지 간에 기업도 매력적이어야 사람들로부터 관심을 끌 수 있다. 그래서 요즘은 매력지수라는 말도 쓰인다. 매력은 호감도 높여주고 신뢰마저 높여준다. 기업에게 호감과 신뢰만큼 중요한 것은 없다. 이제 한방에 큰 이윤을 왕창 남기고 빠지는 식은 통하지 않는다. 기업은 블로그, SNS, 팟캐스트, 유튜브 등 다양한 채널들을 이용하여 소비자들과 상시적으로 소통하여야 한다. 가령 홈페이지에 접속했을 때 편안하고 안락한 느낌이 나고, 눈이 동그랗게 떠지는 놀라운 콘텐츠가 기다리고 있어야 한다. 사람들의 관심을 끄는 동영상 미디어 클립도 주기적으로 제공해야 한다.

그 밖에 챙겨야 할 온라인 채널들이 많다. 페이스북, 인스타그램, 트위터, 카카오스토리, 핀터레스트 그리고 우리나라에서 아직 대중화되지 않은 소셜 미디어 채널도 많다. 소비자들은 이런 다양한 채널에서 그들의 욕구와 구매 의도를 시도 때도 없이 알려주기 때문에 어느 것 하나 소홀할 수가 없다. 기업은 작은 힌트도 놓쳐서는 안 된다. 그리고 그것을 즐겨야 한다. 예전에 어떤 친구 하나가 트위터를 대뜸 비난하면서 이런 말을 한 적이 있다. '난 트위터 안 써. 나는 세상에 얽매이기 싫거든.

트위터 쓰다 보면 내가 거기에 종속되는 느낌이야.' 음... 혹시나 당신이 이런 생각을 갖고 있는 사람이라면 적어도 마케팅 4.0 시대에는 어울리지는 않는다. 새로운 것이 나오면 일단 한 번 써 보고 내 취향이 아니더라도 무조건 시도해 보는 자세가 중요하다. 특히 그것이 온라인 비대면 접점이라면.

비대면 채널이 매출을 올려준다.

사업을 하든 프리랜서를 하든, 대기업이든 중소기업이든 비즈니스를 하는 사람은 일단 연결이 잘 되어야 한다. 언제 어디서나 때와 장소를 가리지 않고 말이다. **연결이 잘 된다는 건 두 가지를 의미하는데, 하나는 고객이 부르면 바로 답하는 것이고, 다른 하나는 고객이 부르고 싶을 때 부를 수 있도록 방법을 마련해 주는 것이다.** 고객 입장에서는 사업자한테 쉽게 연락을 할 수 있어야 한다. 고객이 쉽게 접근할 수 있는 소통 채널을 만들어 주어야 한다는 것이다. 물건을 사고 싶을 때, 물건에 대해 궁금할 때, 서비스를 의뢰하고 싶을 때, 서비스에 대해 문의 사항이 있을 때, 망설임 없이 연락을 할 수 있게 해야 한다. 그래야 고객은 나에게 온다. 금방 연결되지 않으면 고객은 떠나고 말 것이다.

예를 들어, 겨울철 고속도로 휴게소에서 자주 보게 되는 대형 히터(아래 사진). 크기가 일단 크고 열이 강력해 추운 겨울에 휴게소를 비롯해 공장, 산업현장, 골프장, 레저시설 등 공공시설에서 주로 사용된다. 물론 고속도로 휴게소에서 가끔 보게 되면 그저 몸을 녹이고 손을 비비는 정도지 별다른 관심들은 없을 것이다. 그런데 얼마 전 무언가 눈에 띄었는데, 그것은 제조사의 연락처가 적힌 스티커와 명함이었다. "고속도로에서 본 그 제품!", "구입문의! 1577-4063". 자, 이것은 무엇을 의미할까? 아무것도 없던 히터는 그냥 히터일 뿐이지만, 그 위에 전화번호 하나 얹었을 뿐인데 하나의 영업 수단이 된 것이다. 히터를 팔기 위해서 광고를 하거나 영업을 하는 게 보통이지만, 이렇게 명함 하나 올려놓는 것만으로도 구매 문의를 유도할 수 있다.

여기에 적힌 전화번호가 이른바 고객 접점(Touch Point)을 의미한다. **고객 접점이란 판매자가 고객을 만나는 경로이며, 마찬가지로 고객이 판매자를 만나는 경로이기도 하다.** 고객이 물건을 사고 싶을 때, 궁금한 점이 있을 때 바로 연락을 할 수 있는 소통의 접점을 말한다. 우리가 흔히 쓰는 전화번호, 이메일… 이런 것들이 모두 해당된다. 전통적으로 우리에게 친숙한 전화와 이메일 이외에도, 메신저, 홈페이지, 소셜 미디어, 블로그 등이 모두 고객 접점이다. 그러니까 오프라인이건 온라인이건 고객과 소통할 수 있는 것은 모두 고객 접점이다. 좀 더 광범위한 말로 고객 채널(Channel)이라고도 할 수 있겠다. 그런데 생각보다 이 고객 접점에 대해 소홀한 경우가 많다.

특히 온라인 접점은 너무 중요하고 앞으로 더 중요해질 것이다. 사람들이 점점 비대면(非對面) 접점을 선호하기 때문이다. **비대면 접점이란 카카오톡을 비롯한 모바일 메신저, 라이브 채팅 서비스 등 온라인 채널을 의미한다.** 넓게는 소셜 미디어, 블로그도 해당된다. 점점 중요해지는 이 비대면 접점에 대해 신경을 많이 써야 할 것이다. 만일 제품이나 서비스를 소개하는 홈페이지나 카탈로그에 전화번호만 달랑 적어 놓는다면 수많은 잠재 고객을 잃을 것이 뻔하다. 왜냐하면 사람들은 전화 거는 걸 무척이나 싫어하기 때문이다. 요즘 사람들은 전화를 걸어볼까 하다가도 그냥 마음을 접어 버릴 때가 많다. 아래 사진은 어떤 카페에 놓여 있던 잡지인데, 정기구독 신청 및 문의 전화번호를 적어놓았다. 이러면 전화 걸기를 꺼리는 잠재 고객은 다 놓치게 된다. 전화번호 옆에 카카오톡 아이디 혹은 이메일 주소를 함께 써 놓아야 바람직하다.

비대면 접점을 선호하는 현상은 나이가 젊을수록 뚜렷하다. 설혹, "무슨 소리? 난 전화가 훨씬 편하던데?"라는 의견을 갖고 있다면 세상이 변했음을 인식하시고, 당장 필립 코틀러 교수의 마켓 4.0 (Marketing 4.0)이란 책을 읽어볼 것을 권한다. 코틀러 교수는 소비자들과 전방위적으로 연결이 되는 이른바 초연결성(Hyper-Connectivity)의 개념을 설파하였다. 온라인으로 고객을 만날 수 있는 가능한 모든 채널을 가동하자. 홈페이지, 블로그, 페이스북, 인스타그램, 카카오톡 채널, 라이브 채팅 서비스, 이메일 자동화 서비스, 뉴스레터 등 최대한 고객과의 접점을 늘리는 게 필요하다. 영화감독 우디 앨런(Woody Allen)은 "성공의 80%는 나타나는 데 있다. (80% of success is showing up.)"고 했다. 고객들이 찾을 때 보이지 않으면 준비한 모든 것이 무의미해진다.

고객 연결 접점의 중심, 홈페이지와 이메일

홈페이지 주소, 이메일 주소는 회사의 얼굴이다. 도메인이라고 불리는 이 고유 주소는 이 세상에 하나밖에 없는 이름이기에 옛날부터 좋은 이름은 수천 만원, 심지어 억 단위로도 거래가 된다. 물론 그 정도로 심각하게 집착할 필요는 없지만 구색은 갖추는 것이 좋다. 잠재 고객이 궁금한 점이 있을 때, 견적을 의뢰할 때, 구매 요청을 할 때, A/S를 신청할 때… 그들은 언제나 우리 회사의 홈페이지에 접속하고 우리 이메일 주소로 연락을 취하기 때문이다. 아무리 내 실력이 뛰어나고 제공하는 제품이나 서비스가 훌륭하더라도 회사의 얼굴이 그에 걸맞지 않으면 고객 입장에서는 다소 어색할 수 있다. 아니, 실력이 뛰어나고 제품이나 서비스가 훌륭하니까 회사의 얼굴도 괜찮아야 한다고 말하는 게 더 정확하다.

말은 장황하게 했지만 결론부터 말하자면, 도메인 주소를 확보했다면 홈페이지 주소와 이메일 주소를 통일시키는 것이 좋다. 많은 분들이 회사 이메일 주소를 네이버 메일이나 지메일로 하곤 하는데, 비용이 많이 드는 것도 아니기에 이왕이면 이메일 주소까지 통일했으면 한다. 만일 '서교동 신발가게'를 운영하는 사업자가 있다 치자. 그렇다면 홈페이지 주소는 'seogyodongshoes.com'으로, 이메일 주소는 'ceo@seogyodongshoes.com'으로 아이덴티티를 통일시키면 좋을 것이다. 가끔 어떤 분들은 그런 사소한 것에 굳이 신경 쓸 필요 없다고 하는데, 도메인 주소 하나 챙기는 게 비용적으로 부담되거나 굉장히 어려운 프로세스를 거치는 것이 아니기 때문에 이왕이면 신경을 쓰면 좋겠다. 홈페이지, 이메일 다 합쳐서 클라우드 서비스로 월 2만 원 정도면 충분하다.

스타트업세일즈연구소

유장준 대표

M 010-8772-9076
T 070-7847-9076
E jjyoo@startupsales.co.kr
A 서울시 마포구 서교동 394-25, 1216호
W startupsales.co.kr

가천대학교 겸임교수
기술보증기금/인천창조경제혁신센터 멘토위원
'영업은 결과로 말한다' 저자

이렇게 홈페이지 주소와 이메일 주소를 얻으려면 흔히 웹 호스팅 업체의 서비스를 이용해야 한다. 국내에는 가비아, 후이즈, 카페24 등이 있다. 우리 홈페이지와 이메일을 웹 호스팅 업체의 서버에 설치해야 하기 때문이다. 그래야 다른 사람들이 서버에 접속을 해서 내 홈페이지를 볼 수 있게 된다. 홈페이지는 텍스트, 그림, 동영상 등의 데이터를 저장해야 하고 많은 사람들이 한꺼번에 접속해야 하므로 트래픽과 보안을 감당할 수 있어야 한다. 그리고 우리 회사의 정체성을 잘 드러내는 도메인 주소와 연결을 시켜야 하기 때문에 서버, 홈페이지 빌더, 도메인 네임, 이메일 계정을 한꺼번에 제공해 주는 서비스 업체를 이용하는 것이 좋다. 주로 클라우드 형식으로 이런 서비스를 제공해 주는 업체가 바로 웹 호스팅 업체인 것이다. 가격은 그리 부담스럽지 않은 수준이다. 클라우드 환경으로 제공되기 때문에 원하는 기간만큼만 쓰다가 필요가 없어지면 갱신을 하지 않으면 그뿐이다.

이메일, 24시간 이내로 답신하라!

만일 이메일 계정으로 고객의 문의가 들어오면 반드시 최대 24시간 이내로 답신을 보내야 한다. 24시간이 지나도록 답을 받지 못하면 고객은 더 이상 그 회사를 신뢰하지 않게 된다. 다행히 24시간 후에라도 답신을 받았다 할 지라도 그 고객이 계속해서 신뢰를 보낼지에 대해서는 장담을 하지 못한다. 아마도 그 고객은 이미 다른 회사와 열심히 이야기를 나누고 있을 것이다. 24시간은 신뢰를 잃지 않을 수 있는 최대한의 시간으로 정한 것일 뿐, 실질적으로는 퇴근 후 늦은 밤 시간이 아니라고 한다면 가급적 당일 즉시 회신하는 것이 낫다. 전수 검사를 해 본 적은 없지만 글로벌 회사들은 이런 것에 대한 대응이 참 빠른 경향이 있다. 필자는 과거에 해외 제품을 수입하고 유통하는 일을 한 적이 있다. 그래서 해외 사이트를 검색하다가 괜찮은 제품을 발견하여 '당신 회사 제품을 수입하고 싶은데 가능한가, 공급가, 선적 조건, 결제 조건 등은 어떻게 되는가?'라고 문의를 보내면 정말 대부분 하루 만에 답신이 왔다.

그런데 안타깝게도 작은 회사에 유사한 이메일을 보내면 정말이지 답이 없는 경우가 파다하다. 상상해 보라. 관심을 가지고 회사에 이메일을 보내도 답이 없다면 마케팅이고 뭐고 간에 그 어떤 비즈니스가 의미가 있겠나? 모든 인바운드 콜이나 이메일은 모두 최고 수준의 우선순위를 가진다. 인바운드를 놓치는 것은 있을 수 없는 일이다. 백 번 양보해 이메일로 답신하는 것이 지극히 어려운 환경이라면, 차라리 자동 응답 (auto reply) 기능을 써서 본인의 휴대전화 번호가 고객에게 전송될 수 있도록 하라. 그것이 그나마 무응답보다는 나은 행동이다.

biz 메일 계정에 문제가 있는 경우가 많다. 보통 스타트업들이 인바운드 메일을 하나의 경로로 통일시키기 위해서 biz@회사 도메인이나 help@회사 도메인 계정을 사용한다. 그런데 이를 여러 사람이 공유를 해서 공동 관리를 하다 보니 간혹 서로 미루다가 한 달이 지나도록 메일 확인을 못 하는 경우를 많이 봤다. 모든 이메일은 24시간 내로 답장을 해야 한다. 추천하는 방법은 반드시 한 사람이 담당하는 것이다. 이메일뿐만 아니라 모든 업무는 책임감 있게 해야 한다. 너무 양이 많아지면 그때는 두 가지 방법이 있는데 하나는 한 달씩 돌아가면서 자동 포워드(forward) 기능을 적용하여 반드시 개인 메일로 전달되게끔 하는 방법이 있고, 다른 하나는 인사이드 세일즈(inside sales) 담당자를 두어 전문적으로 관리하는 방법이 있다. 인사이드 세일즈는 곧 디지털 세일즈 담당자와 같은 의미이며, 앞서 설명한 인바운드 마케팅과 디지털 마케팅을 전사적으로 담당하게 된다.

뉴스레터 전성시대, 메일침프

뉴스레터의 전성시대다. 요즘 부쩍 많아진 걸 체감한다. 세어 보진 않았지만 필자도 대충 10개 내외의 뉴스레터를 수신하고 있는 것 같다. 월간으로 발행되는 경영 매거진은 일주일에 한

번씩 인기 많은 기사를 발췌해서 보내준다. 한 영어 학원은 유용한 영어 표현을 하루에 하나씩 보내준다. 차곡차곡 마일리지를 쌓고 있는 항공사에서는 특별 할인 항공권이나 호텔 패키지 상품을 소개해 준다. 내용이 괜찮으니까 꾸준히 수신 중이다. 한때 뉴스레터라고 하면 그저 스팸으로만 치부했던 것 같은데 지금은 달라진 느낌이다. 스팸이라는 인식은 '광고'의 성격을 지녔기 때문에 존재했다. 이제 더 이상 뉴스레터를 광고처럼 보내지 않는다. 광고로 인식되어서는 안 된다. 대신 잠재고객들이 원하는 정보를 보내야 한다. 뉴스레터가 유용한 정보를 제공해 주면 스팸으로 여기지 않는다.

뉴스레터를 보내면 무엇이 좋을까? 여러 가지가 있는데 가장 큰 장점은, 내가 전하고자 하는 내용을 내가 원하는 사람에게 콕 집어 보여줄 수 있다는 점이다. 이보다 강력한 마케팅은 없을 것이다. 이메일이라고 하는 것은, 회사를 다니거나 사업을 하는 사람이라면 업무적으로 거의 매일 열어본다. 개인적으로도 온라인 구매를 하거나 예약을 할 때 확인 메일을 수신하고, 비밀번호를 분실했을 때 본인 인증용으로 사용한다. 이런 공간에 메시지를 보낸다는 것은 꽤나 수신 확률 가능성이 높은 방법론이라고 할 수 있다. 따라서 비즈니스를 영위하는 사업자라면 뉴스레터에 대해 한번쯤은 생각해 보아야 한다.

뉴스레터를 보낼 때는 이메일 마케팅 서비스를 이용하는 것이 좋다. 거의 필수적이라고 할 수 있다. 그냥 텍스트로만 쓰인 이메일은 가독성과 인식률이 떨어질 것이다. 포장하지 않고 보낼 경우 구독자 입장에서는 보내는 주체에 대해서 전문성이나 감각이 떨어진다고 판단할 것이므로 오히려 역효과가 날 지도 모른다. **이메일 마케팅 서비스 중 가장 많이 알려진 툴은 '메일침프(mailchimp)' 와 '스티비(stibee)'다.** 기능이나 가격 면에서 거의 비슷하니까 둘 다 살펴보고 마음에 드는 것을 쓰면 될 것 같다. 구독자 수, 발송 횟수 등 제공하는 서비스의 종류에 따라 가격도 다르지만, 기본 기능은 무료로도 쓸 수 있으니 꼭 한 번 시도해 보기를 바란다.

메일침프의 주요 기능을 알아보면 다음과 같다.

첫째 이메일 캠페인(Campaigns)을 아주 쉽게 진행할 수 있다. 하나의 뉴스레터를 만들어서 어떤 내용을 전달하거나 홍보하는 일련의 과정을 '캠페인'이라고 표현하는데, 메일침프가 제공하는 수많은 이메일 템플릿 중 마음에 드는 하나를 선택하고 거기에 내용만 채워 넣으면 되는 식이다. 전달하고자 하는 텍스트와 이미지를 삽입하고, 랜딩 페이지나 소셜 미디어로 링크를 걸 수 있다. 이메일 뉴스레터의 경우 디자인이 상당히 중요한데 이 부분을 메일침프가 해결해 주는 것이다.

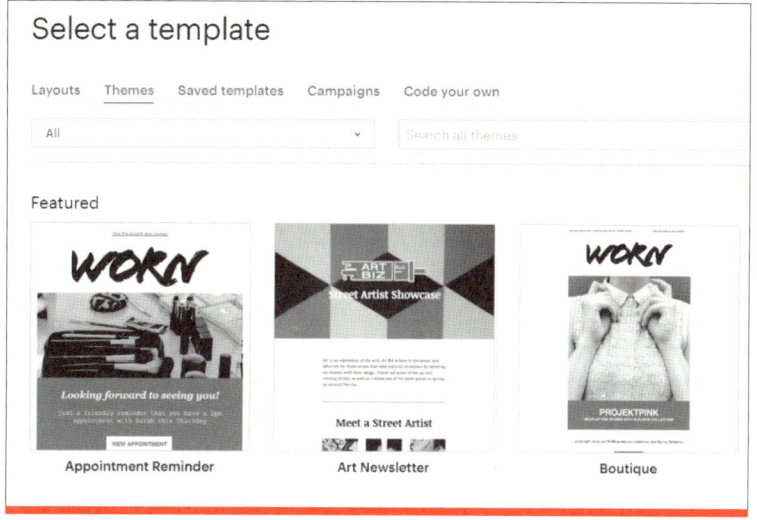

둘째 구독자, 즉 오디언스(Audience)를 체계적으로 관리할 수 있다. 여기서 오디언스는 수신자를 의미하는데, 예를 들어 구글 컨택(Google Contacts)을 사용할 경우 그 주소록을 한꺼번에 업로드할 수 있다. 그러면 일일이 타이핑을 해서 수신자 리스트를 추가하지 않아도 되니 편리하다. 또 운영 중인 홈페이지가 있다면 거기에 메일침프와 연동되는 뉴스레터 신청 팝업을 띄워서 자동으로 수신자 리스트에 추가될 수 있도록 할 수 있다. 가만히 있어도 수신자 리스트가 계속 업데이트되는 것을 경험할 수 있다.

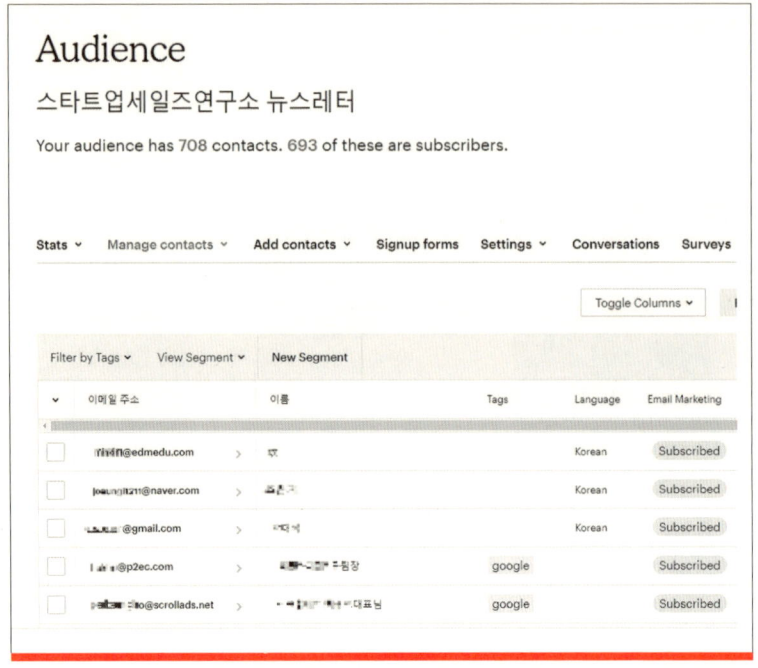

셋째 뉴스레터 수신 결과를 리포트(Reports)로 보여준다. 내가 보낸 이메일을 얼마나 오픈했는지(Opens), 얼마나 클릭했는지(Clicked), 얼마나 바운스 됐는지(Bounced), 얼마나 구독해지했는지(Unsubscribed)를 한눈에 알 수 있도록 대시보드(Dashboard)를 제공한다. 뿐만 아니라, 구체적으로 누가 열람했는지, 누가 클릭했는지 구체적으로 보여준다. 더 나아가 며칠, 무슨 요일, 몇 시에 얼마나 열람과 클릭을 했는지도 알 수 있고, 이메일 콘텐츠 중에 어떤 콘텐츠를 얼마큼 클릭했는지도 보여주기 때문에 그런 인사이트를 참조로 다음 캠페인 때 개선할 수 있다.

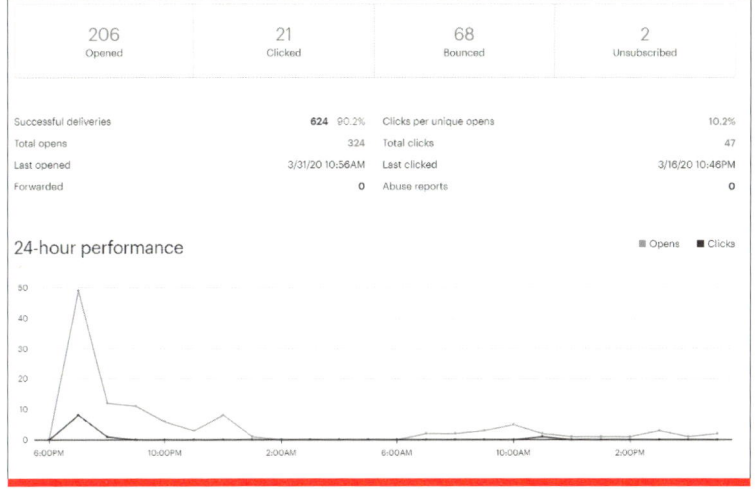

한국에서 사업한다면, 카카오톡 채널은 필수

국내 이용자 수 4,500만 명에 달하는 압도적 메신저 카카오톡. 한국에서 사업을 하겠다고 마음먹었다면 필수 개설 사항이다. 무슨 말일까? 카카오톡은 나도 계속 써 왔는데 무슨 개설이 필요하다는 거지? 이렇게 생각한다면 착각. 정확히 말하면 '카카오톡 채널'을 말하는 것이다. 카카오톡의 비즈니스 버전이라고 볼 수 있다. 카카오톡 관리자센터 앱을 별도로 깔면 고객들과 전문적으로 소통할 수 있으니 고객에게 신뢰를 줄 수 있다.

카카오톡 채널을 개설하면 어떤 장점이 있을까? 크게 홍보 기능과 소통 기능으로 나뉘는데, 홍보 측면에서는 카카오톡 안에 작은 홈페이지를 만들어 다양한 정보를 포스팅할 수 있고, 실시간 알림이나 공지, 할인 쿠폰을 카카오톡 메시지로 발송할 수 있다. 소통 측면에서는 고객 문의, 예약, 상담을 1:1 채팅을 통해 전문적으로 대응할 수 있으며, 고객들이 자주 묻는 질문에 대해 자동응답 기능을 설정해 놓을 수가 있다.

지금은 바야흐로 언택트(Untact) 시대다. 소비자들은 직접 전화기를 들고 애써 전화하려 하지 않는다. 그냥 무심하게 카카오톡으로 소통하고 싶어 한다. 전화를 걸거나 마주 보고 대화하는 것은 소비자 입장에서 조금 부담스럽기 때문이다. 옛날에는 "얼굴 보고 얘기합시다!"라고 제안하는 것이 솔직하고 인간적인 모습이었으나, 이제 "얼굴 보고 얘기합시다!"라고 던지면 굉장히 공격적이고 부담스러운 느낌을 준다. 일부 사람들은 무례하다고 여기기까지 한다.

앞으로 홈페이지나 블로그에는 필수적으로 "톡 문의" 배너 링크를 삽입하도록 하자. 잠재 고객이 홈페이지를 구경하다가 '톡 문의' 배너를 누르면 곧바로 카카오톡 채널로 연결이 될 것이다. 그러면 사업자는 카카오톡 채널 관리자센터에서 잠재 고객의 카톡을 받게 된다. 고객들은 나의 카카오톡 개인 계정이 아닌 비즈니스 계정으로 대화를 나누게 되어 제대로 된 사업자라는 인상을 줄 수 있다. 이제 고객과의 소통은 카카오톡을 기본으로 하자.

1:1 채팅 기능

모든 고객과의 대화 내용이 저장되어 언제라도 다시 열람할 수 있다. 일 하다 보면 깜박 잊고 못 챙기는 경우가 있다면 이제 놓치지 않을 수 있다. 1:1 채팅 목록을 주기적으로 체크를 하자. 완벽한 일처리를 할 수 있을 것이다. 아무리 절박하게 사업을 하더라도 주말이나 늦은 밤까지 방해받고 싶지 않은가? 그렇다면 채팅 가능 요일과 채팅 가능 시간을 설정하자. 채팅 가능 시간을 벗어나면 "오늘 업무가 종료되었습니다. 내일 출근 하자마자 제일 먼저 답신드리겠습니다!" 라고 자동응답을 보낼 수 있다.

스마트 채팅 기능

카카오톡 채널에서 스마트 채팅 기능은 참 매력적이다. 자주 묻는 질문에 대해 답변을 미리 적어 놓으면 매번 일일이 답하지 않더라도 카카오톡 채널이 자동으로 응답해 준다. 예를 들어 오프라인 매장의 경우, 매장 위치, 연락처, 매장 운영 시간 등 이미 정해진 답변은 매번 번거롭게 응대할 필요 없이 카톡에 맡기자. 훌륭한 비서 역할을 해 줄 것이다. 빠른 답변이 가능해 고객들이 더 좋아한다.

메시지 발송 기능

카카오톡 채널로 친구를 맺었다면, 그들에게 집단으로 카카오톡 메시지를 보낼 수 있다. 그러면 어떤 행사를 홍보하고 싶을 때 고객에게 이메일을 쓰거나 전화를 걸지 않아도 된다. 카톡을 보내는 것이 훨씬 자연스럽고 조회율도 높다. 고객 입장에서 가장 개인적이고 가장 자주 쳐다보는 휴대전화로 메시지를 직통으로 보내는 것이니 마케팅 효과는 말할 것도 없이 좋다. 건당 15원 정도 비용이 드는 것은 참조하길 바란다.

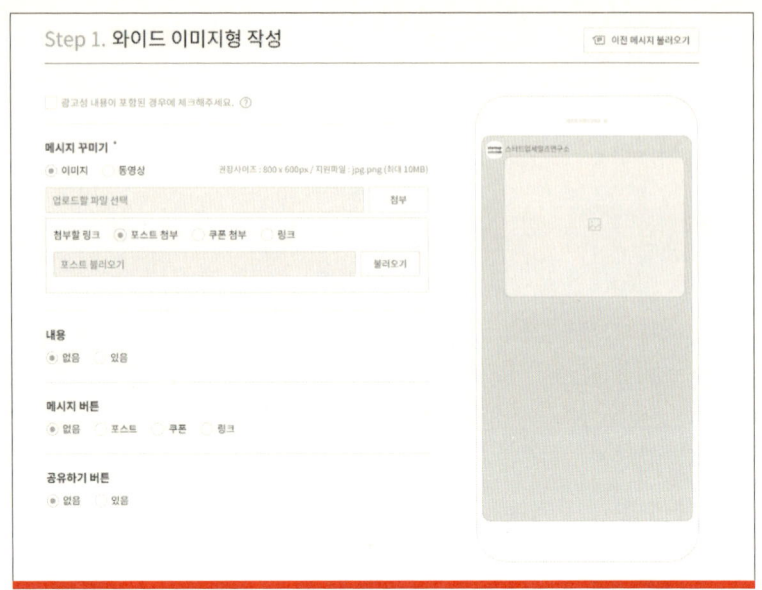

모바일 설문조사, 와이즐리 만큼만 하세요

와이즐리는 면도기와 면도날을 생산하고 판매하는 스타트업이다. 세계적인 면도기 회사 질레트의 경쟁사라고 할 수 있다. 이 회사는 프리미엄 면도용품 구독 서비스라는 컨셉을 가지고 사업을 하고 있다. 정말 오랫동안 겨우 한 두개의 기업만이 면도기 시장을 독점하다시피 해 왔는데, 그 시장에 뛰어든 것이다. 기존 경쟁사들과 다른 점은 면도날을 정기 배송 해 준다는 것이다. 소비자가 원하는 주기에 맞춰 제품을 배달해 준다.
또한 와이즐리는 유통을 거치지 않고 직접 판매만 고집하고 있기 때문에 그만큼 고객과의 소통이 중요하다. 직접 판매를 통해 고객의 DB를 확보하였기 때문에 그들과 소통하는 일이 매우 자연스럽다. 고객과 소통하는 방법은 여러 가지가 있지만 와이즐리는 오래되고 전통적인 방법, 즉 설문 조사 방법을 쓰고 있다. 물론 '설문조사'라고 하면 약간은 한물간 마케팅 방법으로 인식되는 것도 있는 것도 사실이지만, 어떻게 하는가에 따라 그렇지 않을 수 있다.

설문 조사는 모바일 문자를 통해 이루어지고 있는데, 문자의 링크를 터치하면 '오베이(https://www.ovey.co.kr)'라는 서비스로 바로 연결이 된다. 오베이는 오픈서베이에서 운영하는 모바일 기반의 설문조사 서비스 애플리케이션으로서, 다양한 문항 유형, 자유로운 서식, 미리 보기 기능을 이용해 쉽게 설문을 만들고 편집할 수 있다. 응답자를 직접 선택한다면 무료로 이용할 수 있고, 오픈서베이 패널을 선택한다면 약간의 비용을 지불하면 된다. 정말 스마트한 방법이다.

설문지에 응답소요시간 단 2분이라는 말을 기재하여 설문조사 자체의 공포심을 줄였고, 또한 고객경험팀 누구라고 실명을 공개하여 안심을 시켜주었다. 그들이 개인정보인 나의 연락처와 이름을 알고 있으니, 당연히 그들도 그들의 연락처와 이름을 공개하는 것이 맞다고 본다. 고객과 소통하는 기업의 모범 사례라고 할 수 있다.

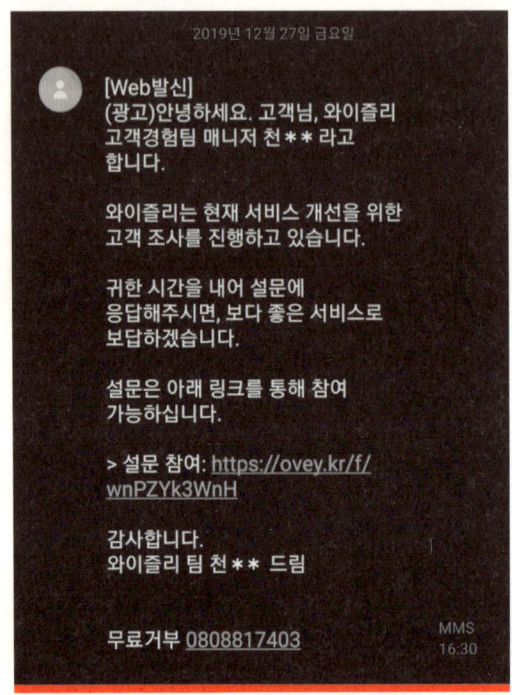

고객 대응은 기민하게, 클라우드 스토리지

클라우드 스토리지는 우리가 익히 듣던 구글 드라이브, 원 드라이브, 네이버 클라우드와 같은 서비스를 말한다. 이미 많은 사람들이 사용 중이다. 이들 서비스를 사용하면 언제 어디서나 시간과 장소의 구애를 받지 않고 클라우드 스토리지를 마치 내 PC의 하드 디스크처럼 쓸 수 있다. 클라우드를 PC와 연동시킬 수가 있는데, 그러면 클라우드를 웹 기반이 아닌 윈도 폴더 환경 그대로 경험할 수 있게 된다. 그리고 모바일 애플리케이션을 설치하면 PC에서 하던 작업을 그대로 스마트폰이나 태블릿에서 이어서 할 수 있다. 모바일에서도 완벽하게 연동되기 때문에 두 환경을 오고 가며 끊김 없이 작업을 이어갈 수 있는 것이다. 요즘 같이 모바일 오피스가 대중화된 시대에 가장 필수적인 서비스가 아닐까 한다. 가격도 현실적이다. 몇 백 기가(GB)부터 몇 테라(TB)의 용량을 연간 몇 만 원 정도의 금액으로 사용할 수 있다

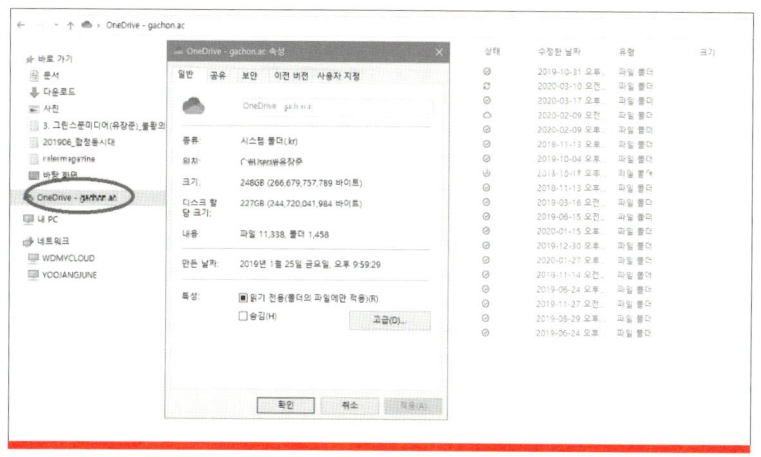

클라우드 스토리지를 사용하면 가장 좋은 점은 고객의 요청에 바로바로 대응을 할 수 있다는 것이다. 사무실에 있건, 이동 중에 있건, 심지어 휴가나 여행 중에 있건, 고객이 자료를 요청하면 바로바로 보내줄 수가 있다. 가령, 고객이 회사 소개서를 요청할 경우 클라우드로 가서 바로 파일을 공유하여 보내면 된다. 따라서 아주 필수적인 자료들을 클라우드에 체계적으로 폴더 정리를 해 놓으면 나중에 일할 때 아주 편리하다. 회사 소개서, 고객 사례집, 견적서 등을 정리해 놓으면 빠른 일처리에 도움이 될 것이다. 그리고 일을 하면서 진행되는 사항을 회사별로 혹은 날짜별로 정리해 놓으면 작은 하나라도 빠뜨리지 않을 수 있다. 예를 들어, 폴더를 회사별로 나누고, 그 하위 폴더를 날짜별로 나눈다면 한참 있다가 연락이 와도 언제 무엇을 했는지 바로 감을 잡고 대응할 수 있다.

제 4 장 비대면 접점으로 대중들과 소통하라

불황에도
·
잘나가는
·
사람들의
·
영업비밀

생존력은
영업력으로부터
나온다

불황에도
잘나가는
사람들의
영업비밀

마케팅의 한계, 영업으로 극복하라

100년 전 미국 월풀(Whirlpool) 사가 발명한 자동 세탁기는 인간의 가사 노동을 획기적으로 줄여주었다. 그저 손빨래를 기계가 대신해 준 것 정도로 알고 있지만, 실은 사회학적으로 더 깊은 뜻이 담겨 있다고 한다. 영국 케임브리지 대학교 경제학과 장하준 교수는 〈그들이 말하지 않는 23가지〉에서 세탁기야말로 인터넷보다 세상을 더 획기적으로 바꾼 발명품이라고 규정했다. 당시 주로 여성들의 몫이었던 빨래로부터 해방되면서 여성들이 사회 진출을 하기 시작했고 그로부터 여러 사회적 변혁이 일어났다는 것이다.

기업 경영 분야에서도 비슷한 현상이 있었다. 바로 마케팅 기법의 발전이다. 키워드 마케팅, SNS 마케팅, 콘텐츠 마케팅, 바이럴 마케팅, 검색 엔진 최적화 (SEO) 마케팅 등 주로 온라인 상의 소비자 행동(Customer Behavior)들을 과학적이고 정량적으로 측정하는 마케팅 기법들이 나날이 발전해 왔다. 모두 많은 수의 대중들에게 우리의 제품이나 서비스를 어필하는 방법들이다. 이로 인해 그 중요성이 상대적으로 작아진 것이 바로 다름 아닌 '영업'이다. 많은 기업들이 오프라인 대응 인력을 줄이는 대신 온라인을 중시해왔다. 비용을 절감하기 위해서다. 물론 이런 흐름은 거시적으로 맞는 방향이다.

그러나 미국의 인권운동가 겸 가수인 조안 베이즈(Joan Baez)의 말에 귀 기울여 보자. '**인간관계에 있어서 수만 명의 사람들과 관계를 맺는 것은 가장 쉬운 일이다. 반대로 단 한 명과 관계를 맺는 것은 가장 어려운 일이다.**' (The easiest kind of relationship is with ten thousand people, the hardiest is with one.)

평범한 마케터들은 수만 명의 사람들과 관계 맺는 것에 관심을 가진다. 하지만 훌륭한 영업 담당자는 고객을 한 명씩, 한 명씩 만난다. 그들은 매번 단 한 명의 사람과 관계를 맺어야 한다. 단 한 사람의 고객이 어떤 니즈를 갖고 있는지, 어떤 불만을 갖고 있는지 말이다. 평범한 마케터들은 20대 여성은 이렇다 40대 남성은 저렇다고 말하겠지만, 훌륭한 영업 담당자는 합정동에 사는 20대 여성인 김태희 고객님이 지난달에 승진에 밀려 자존심이 많이 상한 상태라는 것을 알아야 한다. 현재 김태희 고객님은 마케터들이 분석하는 일반적인 20대 여성의 구매력과 행동 패턴을 갖고 있지 않을 것이기 때문이다.

여기에 힌트가 있다. 우리는 언젠가부터 고객들을 1대 N의 관계로 바라보기 시작했다! 반면 고객은 여전히 우리를 1:1의 관계로 바라보고 있다. 고객인 나를 만족시켜 주지 않으면 큰 실망을 하고 만다. 우리는 고객을 무조건 많이 만들어야 하는 '인맥'의 관점으로 바라보지만, 고객은 우리를 '인간관계'의 관점

불황에도
잘나가는
사람들의
영업비밀

으로 바라본다. 여기서 괴리가 생긴다. 서로 바라보는 마음이 다른 것이다. 고객은 우리와 1:1의 관계를 원한다. 따라서 고객을 단순히 마케팅의 영역으로만 다뤄서는 안 된다. 고객을 마케팅의 관점으로만 바라본다면 그들은 매우 피로할 것이다.

이메일 계정의 받은 편지함을 한 번 보자. 영혼 없는 스팸 메일이 얼마나 많은가? 창립 5주년 기념 특별 프로모션! 지금 바로 자동차 보험료를 확인하세요! 신차 사전 예약 마감 임박! 영화 티켓 증정 이벤트! 받자마자 수신거부 버튼을 눌러 버릴 것이다. 자기네 창립 5주년이 대관절 나와 무슨 상관이 있다는 말인가? 내 자동차 보험 갱신은 10개월도 더 남았는데 지금 뭘 확인할 일이 있을까? 이런 것들은 모두 근본 없는 마케팅일 뿐이다. 어쩌다 하나 걸리겠지 식으로 보낸다면 엄청 많은 고객들로부터 수신거부를 당할 것이다.

따라서 고객과의 관계를 유지하기 위해 영업 담당자가 할 일이 많다. 많은 기업 담당자들이 신규 고객 창출에만 매달리다 보니 시간이 없어 기존 고객을 만나지 못하는 것도 현실이다. 그러나 최근 몇 달 동안 기존 고객을 만난 적이 없다면 조금 문제가 있다. 그렇다면 그들은 오래지 않아 우리를 떠날 것이다. 더 이상 힘들게 구한 고객을 떠나보내지 말고, 고객 한 명과의 관계를 제대로 유지하도록 하자. 현재 고객사가 몇 개냐는 의미가 없다. 그건 영혼 없는 페이스북 친구 맺기와 크게 다를 바 없다.

커피 싫어하는 사람에게 커피 팔기

겪어본 사람은 안다. 세상에는 참 다양한 사람이 있다는 것을… 아파트를 고르더라도 초고층의 전망을 선호하는 사람이 있는 반면, 저층의 안정감을 원하는 사람도 있다. 해외여행을 갈 때 어떤 사람은 7박 9일짜리 일정과 코스를 미리 정하기도 하지만, 어떤 사람은 여행 현지에서의 느낌과 컨디션에 따라 즉흥적으로 돌아다니기도 한다. 바로 이것이야 말로 영업의 존재 이유다. 영업은 고객과 직접 만나 그들이 원하는 것을 풀어주는 것이기 때문이다. 사람들을 몇 개의 군(群)으로 대충이라도 묶을 수 있다면 마케팅만으로도 충분하겠지만, 사람들은 저마다 달라 영업 담당자들이 고객들의 속 깊은 마음을 헤아려야 할 수밖에 없다. 그러므로 소위 '표준 제안서'라는 말처럼 우스꽝스러운 것도 없다. 고객의 니즈(Needs)도 파악하지 않은 채 무언가를 '제안'한다는 것은 지극히 일방적이기 때문이다.

한번 생각해 보자. 만일 평소에 커피를 마시지 않는 사람에게 커피를 팔아야 한다면 어떻게 해야 할까? 커피 가격을 깎아줘야 할까? 아니면 커피의 장점과 효용성을 설명해줘야 할까? 아니다. 정답은 무언가를 팔기에 앞서 먼저 질문을 하는 것이다. 이 경우는 왜 커피를 마시지 않는지 그 이유를 묻는 것이 좋지 않을까? 만일 커피를 마시지 않는 이유가 '카페인' 때문에 잠을 못 자는 것이라면 '디카페인' 커피를 추천해 줄 수 있을 것이다.

만일 커피의 쓴맛이 싫거나 아무런 맛도 느낄 수 없다는 것이 이유라면 캐러멜 마끼아또 같이 달달한 종류를 추천해 줄 수 있을 것이다. 즉 질문을 던지면 답이 보인다. 고객에게 질문도 하지 않은 채 상품이나 서비스에 대해 설명한다는 것은 앞뒤가 안 맞는 일이다. 영업 담당자는 무작정 말을 많이 하기보다는 상대방이 더 많은 말을 많이 하도록 해야 하고, 그러기 위해서는 고객에게 질문을 많이 던져야 함을 잊지 말자.

경험이 많은 영업 담당자는 상품 설명보다 질문을 많이 한다. 반대로 경험이 많지 않은 영업 담당자일수록 말이 많다. 왜냐하면 대화가 중단되면 불안하기 때문이다. 계속 말을 이어 나가는 것에 집착하지 말고 침묵에 익숙해지도록 하자. 침묵을 견디는 자가 협상에서도 유리한 조건을 얻어낼 수 있기 때문이다. 질문을 하고 상대방의 대답을 기다리면서, 머릿속으로는 고객의 니즈를 파악하도록 노력하자. 나의 성공보다는 고객의 성공을 진정으로 바란다면 자세부터 달라질 것이다. 의자는 끌어당겨 앉고 적극적인 자세로 눈을 크게 뜰 것이다. 필자 주변의 영업 담당자들 중에 실력이 있는 사람, 즉 성과를 잘 내는 사람들은 대부분 고객을 만날 때 적극적이고 진지한 자세를 견지했다. 말은 줄이되 상대를 진지하게 바라보고 적극적으로 질문하였다. 영업을 할 때 결코 '말발'이 중요한 것이 아니다. 영업 사원이 번지르르하게 말만 잘한다면 고객은 오히려 거부감을 느낄 수 있다. 요즘 웬만한 소비자들은 영업 사원보다 지식이 많아서, 말로 쉽게 설득을 당하는 소비자는 이제 별로 없다. 쫙 빼 입고 청산유수로 말 잘하는 사람보다 누추하고 말도 어눌하게 하는 사람 중에 은근히 영업왕이 많다는 말을 가끔 들었을 것이다. 사람은 누구나 자기보다 잘난 사람을 별로 좋아하지 않는다.

질문을 했으면 그다음에는 무엇을 해야 할까? 당연히 고객의 대답에 집중해야 한다. 경청을 의미한다. 경청을 할 때 영업 담당자는 자신의 색깔을 너무 진하게 드러내지 않는 것이 좋다. 영업을 할 때는 하얀색 도화지가 되도록 노력해 보자. 스펀지가 되어도 좋다. 즉 웬만하면 상대방의 성향에 동조하는 것이 좋은데, 이때는 '따라 말하기(Restate)'가 효과적이다. 이는 고객이 말한 것을 '나의 언어'로 따라 하는 것이다. 가령, 고객이 '우리는 이 프로젝트를 연내에 끝마쳐야 할 것 같습니다.'라고 말하면, 나도 '아, 그러니까 이 프로젝트를 몇 달 안에 서둘러서 마쳐야 하는 거군요?'라고 다시 말한다. 고객의 비하인드 니즈(Behind Needs)까지 읽어내서 나의 언어로 다시 말하는 것을 의미한다. 이렇게 하면 커뮤니케이션 오류를 막을 수 있을 뿐더러, 고객은 영업 사원이 자신의 말을 잘 알아들었다고 안심을 하여 더 많은 정보를 주게 된다. 상품이나 서비스에 대한 설명보다는 질문과 경청이 더 중요함을 잊지 말자. 고객과의 대화는 30%의 질문과 70%의 경청으로 이루어진다.

동종 업계의 선배를 만나러 가자

직장 생활만 하다가 독립하려니 막연하고 두려운가? 혹시 돈을 못 벌게 될까 불안한가? **그렇다면 당장 선배들을 만나러 가자.** 나보다 앞서간 사람들 말이다. 내가 안정적으로 직장을 다니는 동안, 방위와 위치를 결정하고 온갖 풍파에 휩싸여 돛을 올렸다 내렸다를 반복한 그들. 시험을 대비할 때도 기출문제를 풀듯이, 그들의 말을 들어서 결코 나쁠 건 없다. 물론 추구하는 환경과 무대에 오른 시간적 차이가 있기에 그들의 말에 너무 의존할 필요는 없지만, 직접 만나면 확실히 도움이 될 것이다. 그들을 만나서 이것저것 물어보자. 무슨 일을 하는지, 돈은 얼마나 버는지, 업무 강도는 어떤지, 나에게도 추천을 할 수 있는지… 내가 걷고자 하는 길을 예측해 보고 생태계를 파악해 볼 수 있다. 주변에 인맥이 없어도 상관없다. 인터넷으로 검색하면 되니까. 구글이나 네이버에서 해당 분야의 전문 프리랜서를 찾아도 좋고, 온라인 서점이나 도서관 검색창에서 책을 쓴 저자를 만나도 좋다. 커피 한 잔 대접하겠다고 과감하게 전화를 걸자.

그런데 이렇게 말하면 반론을 제기하는 사람들이 있다. 내가 접근하면 그들은 나를 경쟁자로 여기고 경계할 것이라는 게 이유다. 가뜩이나 경쟁이 치열한 세상에 나 같은 잠룡(?)을 내버려 두겠나? 그들이 뭐가 아쉬워서 나를 만나주겠나? 이런 말을 하곤 하는데 그런 생각은 기우다. 왜냐하면 일반적으로 성공하는 사람들은 그런 행동을 보이지 않기 때문이다. 진짜 프로들은 개방적이다. 그리고 포용적이다. 무엇보다 심적 여유가 있다. 그들은 어떻게든 상호 호혜적인 관계를 구축해서 서로 돕기를 원한다. 내 실력이 모자라면 모자란 대로 쓰임새가 있을 것이요, 내가 우월하다면 그들은 나로부터 배우려 할 것이다. 거기서 갈린다고 보면 거의 정확하다. 만약에 만나자고 했을 때 굳이 배타적인 사람이라면 버려도 좋다. 아마 그리 오래가지 못할 것이다. 기분 나빠서 저주하는 것이 아니다. 합리적으로 그렇지 않은가?

선배를 만나는 건 일종의 영업이다. **그들과 커넥션을 만들어 놓는 것이다.** 나보다 앞서간 사람을 나의 멘토로 삼으면서 앞으로 계속 좋은 관계를 유지하기 위함이다. 성공하는 사람들은 대부분 동종 업계에 듬직한 선배나 후원자가 있다. 망망대해에서 운을 좇지 말고, 놀더라도 기회가 나올 법한 곳에서 놀아야 한다. 그러다 보면 어쩌면 그들로부터 일감을 받게 되는 행운을 얻을지도 모른다. 왜냐하면 경력이 많은 선배들은 일을 가려서 하기 때문이다. 무슨 말이냐 하면 그들이 몇 년이 지나도록 생존했다는 얘기는 그만큼 일이 많다는 얘기고, 강사의 경우로 예를 들면, 시간이 겹치거나 먼 지방에서 강의 의뢰가 들어올 경우 다른 사람을 대신 보내야 할 때가 은근히 많기 때문이다. 따라서 필요하다면 그들에게 적극적으로 어필하는 것도 좋다. 혹시 빈자리가 있으면 언제라도 연락을 달라고. 처음에는 보조 강사 역할이라도 하겠다, 지방에 강의가 생겼을 경우 나에게 먼저 연락을 달라고 요청하자. 영업이라는 게 별거 없다.

참고로 아무리 유명한 선배라도 피해야 할 사람이 있다. 우선, 초보 프리랜서나 사업자인 내게 일감을 주면서 너무 오랫동안 무보수를 강요하는 사람이다. 물론 일종의 인턴십이라 생각하면, 한두 달 정도 혹은 1~2번 정도는 충분히 있을 수 있는 일이다. 처음에는 나에 대한 실력과 명성이 전혀 검증이 안 된 상태이기 때문에 내가 먼저 무보수를 제안할 수도 있다. 그러나 그 이상은 곤란하다. 같은 프리랜서 사업자로서 상대방의 몸값을 인정하지 않는 사람과는 좋은 관계를 이어갈 수 없다. 또 피해야 할 사람은 내가 널 키워줄 테니 내가 진행하는 강사 양성 과정을 이수하라고 제안하는 사람. 한술 더 떠 수강료가 무척이나 부담스러운 수준이라면 경계해야 한다. 한편, 교육 과정은 무료이나 나중에 독립해서 강의를 할 때 내가 제공하는 강의 교안이나 템플릿을 써야 하니 라이센스료를 지불하라고 하는 사람. 이런 사람들은 피하는 게 좋다. 상호 호혜적인 관계가 아니기 때문이다.

고객 발굴? 닥치고 전화기를 들어라!

필자는 잠재 고객을 찾아내고 만나기 위해서 앉아서 일이 들어 오기만 기다리지 않았다. 내가 강의하고 컨설팅 할 수 있을 만한 기회를 찾아 직접 연락을 취했다. 이른바 영업 활동을 했다. 국내 대학교 창업지원단이나 창업보육센터, 전국 창조경제혁신센터나 지자체, 교육 예산이 많은 대기업과 외국계 기업의 인사총무팀, 세일즈를 잘 몰라 항상 배우고 싶어 하는 스타트업 기업, 각종 조찬 모임 및 행사 주관 업체, 이벤트와 모임이 활성화되어 있는 공유 오피스와 스터디 카페 등을 리스트업한 후에 이메일과 전화를 돌렸다. 항상 동일한 절차로 진행했던 것은 아니지만, 주로 이메일에 커리큘럼과 프로필을 첨부하여 보낸 후 전화를 걸어 확인하는 식으로 진행하였다.

처음에는 아무런 반응이 없었다. 괜히 역효과만 나는 것 아닌가 의심도 했지만 그건 기우였다. 시간이 어느 정도 지나자 의외의 곳에서 반응이 오기 시작했다. 뿌린 대로 거둔다는 말이 딱 들어맞는다고 할 수 있었다. 꼭 그런 건 아니지만, 나의 연락에 대해 반응을 보이는 시간은 6개월에서 1년도 넘을 때도 있었다. 일반적으로 사람들은 이런 아웃바운드 콜드 콜 방식의 영업이 비효율적이라고 말을 하지만, 내 생각은 그렇지 않다. 비용도 거의 들지 않을 뿐만 아니라, 확률적으로도 나쁘지 않은 결과를 얻기 때문이다. 영업은 일단 뿌리면 그 효과는 서서히 오기 마련이지만, 분명한 것은 반드시 반응은 온다는 것을 몸으로 경험하게 되었다.

기업이든 프리랜서이든 모두가 고객에 대해 이야기한다. 모두가 잠재 고객의 니즈를 파악하고, 비하인드 니즈(Behind Needs)까지 파악해야 한다는 것을 잘 알고 있는 듯하다. 그런데 정말 가슴에 손을 얹고 생각해보자. **최근 6개월 이내에 잠재 고객을 한 번이라도 만난 적이 있는가?** 그들과 직접 만나서 이런저런 이야기를 나눈 적이 있는가? 단 5분 만이라도 말이다. 그리 많지 않을 것이다. 아니 거의 없을 것이다. 마케팅만 좋아하는 사람들의 가장 큰 문제점은 고객을 실제로 만나지 않으려 한다는 것이다. 상상 속의 고객을 상상 속으로만 만나고 있다. 그런 식으로는 고객의 진짜 비하인드 니즈를 파악할 수 없다. 비즈니스를 제대로 수행하고 실제 매출을 내기 위해서는 관련 업계의 사람들을 계속 만나는 것이 중요하다. 경험을 하던가, 조언을 듣던가, 아니면 내가 직접 봐야 한다. 그런 것이 진짜다.

이런 이유로 영업이 중요하다. 영업은 작은 기업이나 프리랜서가 가장 간과하기 쉬운 업무다. 왜냐하면 주로 혼자서 감당하기 때문이다. 많은 시간과 노력을 투자해야 하는 일이기 때문이다. 그리고 뭔가 폼도 안 나고 비열한 모습을 보인다고 생각하기도 한다. 그도 그럴 것이 잠재 고객에게 나를 팔려고 노력하는 영업 활동을 하다 보면 '거절'을 당할 때가 많다. 어떤 사람은 처참하게 전화를 끊어버리고, 어떤 사람은 더 이상 연락하지 말라며 무안을 주기 일쑤다. 나름 친절하게 받아주는 사람들조차 갑의 위치에서 아래로 내려다보는 느낌을 지울 수 없는 것이 일반적이다.

그런데 그럼에도 불구하고 영업의 효용성은 매우 크다. 수많은 거절을 당하면서 얻게 되는 정보, 그것이 중요하기 때문이다. 그냥 거절당하고 마는 것이 아니라, 그 과정을 통해서 내가 왜 거절당했는지 알게 될 수 있다. 요즘 대기업 입사에 떨어지면 내가 왜 떨어졌는지 물어보는 사람들이 늘었다고 하는데, 바로 그런 적극적인 태도가 필요하다. 내가 떨어진 이유가 학점이 부족해서인지? 영어가 부족해서인지? 아니면 다른 어떤 이유인지, 그 이유를 알게 되면 나중에 그것을 채워 넣으면 되지 않겠나? 그렇게 알게 된 사실을 바탕으로 부족한 점을 개선하여 다른 고객에게는 좀 더 나은 제안을 할 수 있을 것이다. 내가 무엇이 부족한지 알게 되는 과정, 그것이 바로 영업의 과정이다.

영업을 한다는 것은 솔직히 겁나고 두렵다. 벌벌 떨릴 정도로 무섭다. 모르는 사람에게 전화를 거는 것이 아무런 거리낌 없이 그냥 수월하게 하는 사람은 드물다. 먼저 연락하는 것이 두려운 이유는 잡상인 취급을 받고 거절을 당하는 게 두렵기 때문이다. 인간은 누구나 예측되지 않은 일에 대해서 불쾌함을 느끼는 경향이 있기 때문이다. **그럼에도 불구하고 영업을 하는 이유는, 이를 통해 내가 진출하고자 하는 산업을 제대로 이해할 수 있기 때문이다.** 이 과정에서 거절의 사유를 알 수 있다면 산업의 지도가 그려진다. 어떤 플레이어들이 활동하는지, 어떤 진짜 니즈가 있는지 명확하게 알 수 있게 된다.

그리고 이렇게 영업을 하다 보면 뜻밖의 소중한 기회를 얻게 되기도 한다. 경험적으로 볼 때 영업은 거짓말을 하지 않는다. 확률적으로 거의 일정한 비율로 클로징이 되는데, 대략적으로 1%의 클로징 확률이 적용된다. 즉 100번의 영업을 이행하면 1번의 클로징이 되는 것이 보통이다. 물론 해당 산업 분야마다 다른 확률이 적용되겠지만 일단 정량적으로 계산하기 쉽게 이렇게 보면 대체로 무난하다. 비즈니스를 하다 보면 항상 불확실성 때문에 고민을 하게 되고, 그 결과 의사결정을 함에 있어서 모호한 경우가 많은 데 이런 계산을 머릿속에 넣고 있으면 얼마만큼의 노력을 투여해야 하는 지를 가늠할 수 있다.

작은 회사나 프리랜서는 조직, 즉 회사의 힘을 빌릴 수 없기 때문에 스스로 혼자 마케팅도 하고 영업도 해야 한다. 마케팅은 뿌려 놓고 기다리는 개념이겠지만, 영업의 경우는 내가 먼저 연락하는 개념이다. 아마 영업 경험이 부족한 사람들은 전혀 모르는 사람에게 연락할 때 어떻게 해야 할지 막연하다고 생각할 것이다. 많은 사람들이 이 부분이 어려워 회피하는 경향이 있는데, 필자는 선배로서 자신 있게 그리고 강력하게 이렇게 조언하고 싶다. "닥치고 전화기를 들어라!" **내가 먼저 연락하지 않으면 그 누구도 나에게 전화를 걸지 않을 것이다.** 전화기를 드는 데에 너무 깊은 생각을 할 필요가 없다. 그저 전화기를 들고 상대방 전화번호를 누르고 통화 버튼을 누르면 된다. 전화를 거는 것이 어렵지 일단 상대방이 전화를 받으면 그때부터는 오히려 마음이 편해질 것이다.

잠재 고객을 찾는 적극적인 방법

필자는 몇 년 전, 경기도의 모 재단에 직접 찾아간 적이 있었다. 프로필과 커리큘럼은 이미 지난주에 발송해 놓은 상태였지만 물론 아무런 반응이 없었다. 전화를 걸어도 담당자와 연결이 되지 않았고 몇 차례 시도한 결과 겨우 담당자와 연결이 닿았지만, 상투적이고 영혼 없는 대답만 듣고 말았다. 한마디로 부정적인 상황이었다. 답답한 나는 직접 재단 사무실로 찾아가 라운지에 앉아 있었고 직원들이 왔다 갔다 하면서 혹시 어디에서 오셨냐고 묻길래 모 담당자님을 찾으러 왔다고 하였고, 몇 분 후에 담당자와 대화를 나눌 기회를 얻었다. 간결하고 명확하게 요점을 전달했다. 이 기관에서 실시하는 교육 프로그램에 영업 노하우 과정을 포함하면 좋을 것 같다. 왜냐하면 스타트업들이 가장 어려워하는 것이 바로 영업이기 때문이라고 설득했다. 담당자 역시 그에 공감하는 눈치였고 마침 올해 전반적인 교육 프로그램을 짜고 있는 시기이기 때문에 한번 참조하겠다고 하였다. 확답을 주지는 않았지만 느낌이 왔다. 결국 나는 그다음 주에 담당자로부터 이메일을 받았고, 좀 더 구체적인 상세 커리큘럼을 보내 달라는 요청을 받았다. 이런 노력으로 그 담당자와 관계를 맺었고 나는 지금도 그 재단과 일을 함께하고 있다.

어려운 일을 해 낸 것처럼 보이지만, 잘 생각해 보면 필자가 했던 건 딱 2가지 밖에 없다. 이메일 보낸 것 하나, 직접 찾아간 것 둘. 그게 전부다. 결코 어렵지 않다. 연락처를 습득하여 연락을 취하면 된다. 물론 고객 발굴을 위해서 이른바 아웃바운드 영업 방식을 취하려면 당연히 잠재 고객의 연락처를 알아야 한다. 연락처? 나는 하나도 모르는데? 업력도 없고 지인도 없고 인맥도 좁은데 어쩌지? 인맥이 없다고 여겨지면 이 상황이 대략 난감할 것이다. 원칙적으로 어느 정도의 업계 네트워크가 있으면 일을 하기 수월한 것은 분명하다. 그렇지 않으면 마치 맨땅에 헤딩을 하는 것이지 않겠는가? 그렇기 때문에 혹시 현재 회사를 다니고 있고 다행히 회사 업무와 관련된 영역으로 진출을 하고자 한다면 늦었다고 생각할 때가 가장 빠른 때. 열심히 인맥을 쌓도록 노력하자. 한 명의 지인이 하나의 작은 기회 혹은 지렛대 역할을 할지도 모르기 때문이다. 네트워크가 없더라도 너무 걱정하지 말자. 지금부터 구하면 된다. 평소에는 흘러 넘기던 것도 절박하면 붙잡게 되는 것이 인간이다.

검색 엔진을 통한 발굴

나에게 아무런 네트워크가 없다면 어떻게 해야 할까? 그럴 경우에는 온라인 경로를 통해서 일단 어느 정도의 컨택 포인트를 확보하는 것이 중요하다. 그것이 가장 빠른 방법이기 때문이다. 우선 구글이나 네이버에서 검색을 하는 것이 기본이다. 검색 엔진에는 생각보다 엄청난 양의 정보가 있다. 방법은 내가 뚫고자 하는 업계에서 통용되는 키워드로 검색을 하자. 가령 강사의 경우 '해당 분야 + 교육 과정' 혹은 '해당 분야 + 강사 모집' 등으로 검색을 하면 연락처 안내가 있는 경우가 대부분이다. 그 연락처를 확보하면 된다. 너무 부담 갖지 말자. 그저 한 명의 잠재 고객을 잡을 수 있다면 그걸로 만족할 수 있다. 누구나 처음에는 그렇게 시작한다.

링크드인이나 소셜 미디어를 통한 발굴

미국에서는 링크드인을 활용한 영업과 마케팅 방식이 상대적으로 널리 알려져 있다. 비즈니스 업계의 페이스북이라 할 수 있을 정도로 직장인과 프리랜서들이 많이 사용하기 때문이다. 미국의 경우 링크드인을 통해 채용 정보를 알아보거나 미리 인사 담당자들에게 어필하기 위해서 평소에 이력 업데이트는 물론 칼럼을 꾸준히 올리기도 한다. 우리나라에서는 사용 빈도가 조금 낮긴 하지만 마찬가지로 사용할 수 있다. 링크드인의 해당 인물 프로파일 페이지로 가 보면 메시지를 직접 보낼 수 있을 뿐만 아니라, 컨택 정보(Contact Info)를 보면 전화번호 혹은 이메일 주소가 적혀 있을 수 있다. 링크드인이 좋은 점은 단순히 연락처 정보만 알 수 있다는 점이 아니라, 그 사람의 이력이나 세부적인 성과 그리고 관심사까지도 한꺼번에 알 수 있다는 점이다. 또 어떤 사람의 커넥션(Connections)이라는 메뉴를 클릭하면 그 사람의 지인까지도 연결될 수 있어서 해당 업계의 지도를 한눈에 파악할 수 있다는 장점이 있다.

그밖에 링크드인보다는 약하지만 페이스북이나 인스타그램을 통해서도 발굴이 가능하다. 메신저 기능을 제공하기 때문에 직접 메시지를 전달할 수 있고, 페이스북의 경우 링크드인과 마찬가지로 전화번호 혹은 이메일 주소를 알 수도 있기 때문이다. 물론 정보를 공개한 사람에 한해서 이긴 하다. 물론 개인 소셜 네트워크를 통해서 영업 행위를 한다는 데에 반감이 있는 분들도 있을 것이다. 그러나 페이스북과 인스타그램은 광고 플랫폼으로 자리매김한 지 오래다. 인스타그램은 쇼핑 기능까지 탑재되어 있을 정도다. 이런 상황에서 페이스북이나 인스타그램을 그저 개인 사생활의 영역으로 한정 짓고 비즈니스에 활용하지 않겠다는 것은 너무 소극적인 생각인 것 같다.

모임이나 교육을 통한 발굴

온라인을 통해 발굴하는 것 말고 오프라인에서 찾는 방법도 있다. 전통적으로 말이다. 모임에 나가 사람을 만나고 그로부터 잠재 고객을 소개받는 방법이다. 어쩌면 이 방법이 가장 효과가 좋을 수 있다. 무작정 영업을 하는 것보다는 잠재 고객이 나를 만나줄 확률이 높기 때문이다. 요즘에는 '살롱 문화'라고 해서 취미나 관심사가 같은 사람들끼리 만나서 즐기고 토론하는 모임이 보편화되었다. 예전에도 네이버나 다음의 온라인 카페에서 이런 모임이 있었지만 좀 더 수준 높고 실리적이고 모임으로 발전한 것 같다. 앞으로도 살롱 문화라는 말 자체는 변하겠지만 여전히 모임 문화는 지속될 것이다. 그런 모임을 찾아 적극 참여하여 그들과 일단 친분을 쌓고 그 네트워크를 통해 연결을 해 나아간다면 내가 원하는 잠재 고객과 닿을 수 있을 것이다.

또한 특정 주제의 교육을 수강하면서 함께 온 수강생들이나 강사와 친분을 쌓는 방법도 있다. 요즘은 바야흐로 교육의 홍수 시대다. 예를 들어 '온오프믹스(www.onoffmix.com)'에 가보면 부동산 특강, VR/AR 교육, 헬스 케어 세미나, 커피 교육 등등 그 범위를 한정하는 것이 불가능할 정도로 다양한 강의가 무료로 혹은 매우 저렴하게 열리고 있다. 공략하고자 하는 분야를 찾아 수강하고 천천히 인맥을 쌓아가다 보면 내가 찾는 잠재 고객과 닿을 수 있을 것이다. '여섯 다리만 건너

불황에도
잘나가는
사람들의
영업비밀

면 지구 위에 사는 사람들은 모두 아는 사이(Six Degrees of Separation)'라는 말이 있듯이 서두르지 말고 꾸준히 인맥을 넓혀 나가면 금방 소개받을 수 있다. 게다가 요즘은 서로 돕고 주고받는 문화가 강해졌기 때문에 내가 먼저 도와주면 그로부터 분명히 도움을 받을 수 있다.

잘 나가는 공인중개사의 작은 차이

토지, 건물 등 부동산 거래를 중개해 주는 공인중개사 수가 급격히 증가했다. 은퇴자, 직장인은 물론 대학생까지 응시에 몰리면서 2016년부터 매년 2만 명 이상씩 배출되기 시작했다. 지금까지 총 합격자 수만 40만 명에 달하고, 실제로 개업을 한 공인중개사 수는 2017년에 이미 10만 명을 넘었다. 이런 증가 추세는 계속될 것으로 예상된다. 무엇이든 사람이 많아지면 경쟁이 치열해진다. 무슨 일이든 내 전문 분야에 사람이 많으면 불리할 수밖에 없다. 양극화도 심화되었는데, 절반 이상은 월 100만 원도 못 버는 반면 일부는 수천만 원의 소득을 올린다고 한다. 주변에 공인중개사 분들을 몇몇 만나보니 한결 같이 땅이 꺼지듯 한탄을 한다. 부동산 경기가 침체되어 시장이 완전히 얼어붙었다며, 이 모든 것은 나라 탓이고 정치인들 때문에 이렇게 됐다고 아우성이다.

자, 이 상황을 작은 기업이나 프리랜서 입장에서 한 번 바라보도록 하자. 내가 만일 공인중개사라면 이 상황을 어떻게 바라볼 것인가? 그리고 어떻게 행동할 것인가? 혹시 나 또한 나라 탓, 정치 탓만 하며 신세 한탄이나 할 것인가? 그저 지도자들의 무능에 대해 한탄만 하며 지낼 것인가? 과연 나는 개인사업자로서 아무런 대책도 마련할 수가 없는 것인가? 그렇다면 내년에 또 2만여 명의 신규 합격자가 추가될 것이 뻔한데, 그렇게 무능하다고 비난했던 국회의원들에게 공인중개사 법이라도 고쳐 달라고 애걸복걸이나 할 것인가? 오롯이 내 인생 내가 책임져야 하는 마당에, 세상이 나를 지켜 주기만 바라는 건 너무 한가하지 않은가?

공인중개사는 두 종류로 나뉜다. 잘 나가는 공인중개사와 그렇지 않은 공인중개사. 잘 나가는 공인중개사는 내가 제어할 수 없는 외부 변수에 대해서는 신경 쓰지 않는다. 대신에 그들은 내가 할 수 있는 일에 집중한다. 무엇을 할 수 있을까? **그들은 전화를 건다.** 계약 만료가 다가오는 집주인과 세입자에게 말이다. 분명히 임대인과 임차인에 대한 모든 연락처를 갖고 있고 그들의 계약이 언제 만료되는지 명확한 날짜까지 알고 있으니 실행하기에 너무 좋은 환경이다. 관행적으로 대부분 오피스텔은 1년, 아파트는 2년짜리 임대차 계약을 맺는다. 계약 만료가 두 달 앞으로 다가왔다면 자연스럽게 물어보면서 소위 영업이라는 걸 할 수 있다. 혹시 집을 빼실 거면 다음 집은 어디로 옮

기실 건지? 아니면 집을 새로 장만을 하실 건지? 무엇을 하든지 내가 계속 서비스를 해드리겠다고 제안할 수 있지 않은가?

이것이 바로 기존 고객 관리인 것이다. 이로부터 추가 수익을 얻을 수 있다는 것은 거의 확실하다. 물론 분명히 이탈하는 고객도 많겠지만, 적어도 일정 확률만큼은 1년마다 혹은 2년마다 소위 말하는 리텐션(Retention, 고객 재창출 혹은 고객 재구매)이 발생할 수밖에 없다. 그저 전화 한 통이면 되는 것이다. 아무것도 안 하면 제로(0)지만, 무엇이라도 행(行)하면 무조건 플러스(+)가 된다. 안 할 이유가 없다. 게다가 기존 고객 리텐션은 신규 고객 확보에 비해서 영업 비용이 저렴하다. 즉 한 명의 고객을 유치할 때 드는 에너지와 비용이 상대적으로 저렴하다는 이야기다.

사업을 하는 사람은 항상 기존 고객에 대해 생각해야 한다. 반드시 절대적인 시간을 기존 고객을 위해 써야 한다. 기존 고객은 우리 상품이나 서비스를 실제로 사용해 본 사람이기 때문에, 우리 상품이나 서비스의 장단점을 정확하게 파악하고 있다. 오히려 우리보다 우리에 대해서 더 잘 알지도 모른다. 2006년 미국 펜실베니아 대학교 와튼 스쿨이 발표한 소비자 불만 연구 보고서는 시사하는 바가 크다. 불만을 가진 고객 중 63%는 침묵하고, 단 6%만이 우리에게 직접 불만을 표출한다고 한다. 그냥 번거롭고 귀찮기 때문이다. 대신 불만을 가진 고객 중 31%는 부정적인 의견을 친구, 가족, 동료들에게 매우 적극적으로 전달한다고 한다. 부정 편향(Negative Bias)이라고 해서 긍정적인 이야기보다는 부정적인 이야기에 사람들이 더 적극적으로 반응하기 때문이다. 기존 고객을 잃는 것은 엄청난 손해임을 잊지 말자.

절대 먼저 등을 돌리지 말아라

학창 시절 때도 그렇고 사회생활을 할 때도 그렇고, 모든 사람들과 두루두루 사이 좋게 지내면 좋겠지만 살다 보면 그게 말처럼 쉽지 않을 때가 있다. 성격 차이로 인한 사소한 말다툼, 본심이 아닌 미묘한 감정의 이탈, 주변 환경 요인으로 돌려버리고 싶은 부질없는 오해와 갈등으로 인해 우리는 때로 마음을 닫는다. 그런데 스포츠의 세계에서 가끔 해설자들이 "우리 선수들! 질 때 지더라도 잘 져야 합니다!"라고 주문을 외우듯, 배신감을 느끼고 홧김에 감정을 방출할 때라도 정말 잘 해야 한다. 필자 역시 사회적 동물로서 처신은 보통 사람들과 다를 바 없고 나을 것도 없지만, 비즈니스 현장에서 일은 정말로 그냥 일이기 때문에 쓸데없이 나의 감정에 색깔을 칠할 필요는 없다.

한 가지 경험담을 풀어놓고자 한다. 미리 고백하건대 이 일은 분명하게 필자가 잘못한 일임을 밝힌다. 아주 오래전 어느 봄날, 필자가 일러스트를 배우기 위해 컴퓨터 학원을 알아볼 때가 있었다. 전화로 먼저 문의를 하고 자세한 상담을 위해서 바로 그 주 금요일 날 직접 학원을 방문하기로 약속했다. 그런데 막상 금요일이 되니 미세먼지 없이 날씨가 너무 좋아 서울 근교로 드라이브를 가 버리고 말았다. 분명히 내가 약속을 어긴 것이다. 약속했던 학원 상담은 아무래도 다음 주에나 가야 할 것 같은 생각이다. 이번 주에는 영 상담 받을 마음이 없다. 학원 개강일까지는 날짜가 좀 남았으니 괜찮으리라.

역시나 학원으로부터 이미 두어 차례의 부재중 전화가 온 상태였고, 나의 문자 수신함에는 이런 메시지가 떴다. "약속하셨던 방문 일시에 오시지 않아서 마지막으로 여쭙니다. 개강일이 임박했으니 오늘 중으로 수강 여부를 결정해 주시기 바랍니다." 아주 쌀쌀맞은 문자가 와 있는 것이었다. 바람맞은 학원 담당자 입장에서 보면 충분히 그 마음 이해도 가고, 일상 대인 관계에서도 필자의 과실이 100% 맞다. 금요일 방문 약속을 어긴 건 나니까. 그러나 비즈니스 세계에서 고객이란 원래 오기로 했다가 안 오고 가기로 했다가 안 가는 사람이다. 어제 달랐다 오늘 달랐다 내 마음 나도 모르는 게 바로 고객이다. 이번 주에 미팅을 하기로 분명히 약속을 했는데도 막상 당일 날 취소하는 게 고객이다. 그걸 너무 따지고 들면 장사하기 힘들다.

누가 봐도 내가 억울하고 고객이 재수가 없어도 아까 학원 담당자처럼 문자를 보내면 안 된다. 사실상 먼저 고객에게 등을 돌린 셈이다. 만일 그런 담당자라면 고객들은 '저렇게 다혈질이라니 안 사길 잘 했네'라는 생각을 할 것이다. 그러지 말고, 문자를 좀 더 위트 있게 보냈더라면 어땠을까? 금요일 약속을 어기고 나타나지 않은 고객에게 혹시 이런 메시지를 보냈으면 어땠을까? '오늘 날씨가 너무 좋네요! 이럴 때일수록 계획하셨던 공부 마음 다 잡으셔야죠! 시간 되실 때 언제라도 저희 센터로 방문 부탁드립니다!' 이렇게 보냈다면 상황은 달려졌을지도 모른다. 장사하는 사람 입장에서는 아무리 화가 나도 절대로 먼저 등을 돌리지 말아라!

견적을 잘 해야 돈을 번다

가치(Value)의 차등화로 견적하는 방법

아래 표는 미국의 프리랜서 플랫폼 fiverr에서 활동하는 어느 한 프리랜서 로고 디자이너의 가격표이다. 각각 120달러, 60달러, 30달러의 가격을 제공한다. 즉 3가지 종류의 서비스를 제공하는 것이다. 그런데 3가지 종류는 모두 같은 로고이며, 더 예쁘고 더 멋진 차이가 있는 것이 아니다. 어떻게 같은 로고

불황에도
잘나가는
사람들의
영업비밀

인데 가격을 차등화 할 수 있을까? 똑같은 로고라 할지라도 가격별로 제공되는 서비스의 종류가 다르기 때문이다. 즉 가격에 따라서 어떤 가치는 제공되고 어떤 가치는 제공되지 않는다. 예를 들어 소스 파일은 아마도 어도비 일러스트레이터(Adobe Illustrator) 파일인 경우가 많을 텐데, 제일 저렴한 서비스에서는 이것을 제공하지 않는다. 소스 파일을 제공하면 소비자는 그 파일을 보관해 놓았다가 필요에 따라 수정할 수 있을 것이기 때문이다. 마치 동네 사진관에서 증명사진을 찍었을 때 원본 파일을 주고 안 주고의 개념과 비슷하다. 보통 동네 사진관에서는 원본 파일을 제공하지 않는다. 소스 파일은 소비자에게 중요할 수도 있고 그렇지 않을 수도 있다. 그러나 이것이 중요하다고 느끼는 소비자는 응당히 돈을 더 주고 그것을 취득하려 할 것이다.

Package	$50 Basic	$75 Standard	$125 Premium
	BASIC 2 Design Concepts. For upto 2 Person + Double Sided + 300dpi CMYK + JPG, PDF + Source Files	STANDARD 3 Design Concepts. For upto 4 Person + Double Sided + 300dpi CMYK + JPG, PDF + Source Files	PREMIUM 5 Design Concepts. For upto 7 Person + Double Sided + 300dpi CMYK + JPG, PDF + Source Files
Print-Ready	✓	✓	✓
Source File	✓	✓	✓
Double-Sided	✓	✓	✓
Design Concepts	2	3	5
Revisions	5	9	Unlimited
Delivery Time	◉ 3 days ○ 1 day (+$20)	◉ 4 days ○ 1 day (+$35)	◉ 5 days ○ 1 day (+$55)
Total	$50	$75	$125
	Select	Select	Select

- High Resolution: 고해상도 그림 파일 제공 (120, 60, 30달러짜리 모두 제공)
- Logo Transparency: 투명 배경 파일 제공 (120, 60, 30달러짜리 모두 제공)
- Vector File: 크기를 늘려도 깨지지 않는 파일 제공 (120, 60달러만 제공)
- Source File: 원본 파일 제공 (120, 60달러만 제공)
- Stationery Designs: 문구 디자인 제공 (120달러만 제공)
- # of Initial Concepts Included: 로고 컨셉 초안 제공 수 (가격별로 컨셉 수 차등화)
- Revisions: 디자인 수정 서비스 제공 (가격별로 수정 횟수 차등화)

여기서 압권은 Stationery Designs, 즉 문구 디자인이다. 갑자기 문구 디자인이 왜 나왔을까? 이것은 고객사가 회사를 운영하면서 로고를 활용하여 만들 수 있는 여러 응용 디자인을 말하는데, 예를 들어 '대봉투 디자인'이나 '이메일 템플릿'같은 것이다. 어떤 회사는 브로셔, 카탈로그 혹은 견적서 등을 담을 때 사용할 대봉투를 만들 수 있다. 그리고 어떤 회사는 이메일을 그냥 보내지 않고 예쁜 이메일 템플릿을 사용하여 보내기도 한다. 이왕 로고를 만드는 김에 이런 디자인에다가 로고의 룩 앤 필(Look & Feel)을 적용해서 만들면 여러 모로 좋을 것이다. 디자인에 있어서 룩 앤 필이라 고 하는 것은 '브랜딩(Branding)'하고도 관련이 있는 개념이기 때문에 고객사 입장에서 충분히 필요하고도 남는다.

이렇게 3가지 종류로 가격을 차등화 하여 주는 견적 방식을 'Good- Better-Best 가격(GBB Pricing)'방식이라고 한다. 이 방식의 장점은 아주 조금의 추가 노동 투입 혹은 추가 기능 제

불황에도
잘나가는
사람들의
영업비밀

공으로 두 배, 세 배의 수익을 얻을 수 있다는 것이다. 예를 들어 위의 사례에서 '문구 디자인' 같은 경우, 로고의 룩 앤드 필을 활용하여 대봉투 정도를 만드는 일은 디자이너로서 로고 자체를 처음부터 만드는 일에 비하면 10%의 추가 노동력도 소요되지 않는다. 또한 소스 파일을 제공하는 것은 더더욱 노동력이 추가로 투입되는 것이 아니라, 그저 가치를 부여함에 따라 가격을 더 받을 수 있는 것이다. 물론 여기서 중요한 것은 소비자가 느끼는 가치다. 소비자 입장에서 가치 차이만큼 가격 차이의 합리적 당위성을 수긍하지 못한다면 아무 소용이 없다. 말도 안 되는 기능 차이를 나열하여 가격만 차등화해서는 안 된다.

참고적으로 Good-Better-Best 가격 방식의 한 가지 숨은 뜻은, 소비자들이 무의식적으로 'Better' 가격을 선택하도록 유도한다는 데에 있다. 대중들은 3가지 선택 안이 놓여 있으면 습관적으로 가운데 옵션을 선택하는 경우가 많다. 이를 골디락스 효과(Goldilocks Effect)라고 한다. 골디락스 효과에 따르면, 소비자들은 세 가지 선택 안이 주어질 때 주로 중간 옵션을 선택하는 경향이 있다는 것을 말한다. 너무 많은 옵션을 제공하면 오히려 소비자들은 혼란스럽다. 스타벅스 메뉴판에 톨(Tall, 355ml), 그란데(Grande, 473ml), 벤티(Venti, 591ml) 사이즈만 적혀 있고, 쇼트(Short, 237ml) 사이즈가 적혀 있지 않은 이유가 나름 납득이 갈 것이다. 이 방식의 또 한 가지 숨은 뜻은 이는 고객이 '구매한다 vs. 구매하지 않는다'의 이분법에서 이탈하게 만들어 능동적으로 '어떤 가격을 선택할까?'라는 완전히 다른 고민을 하게 만드는 것도 있다.

시간당 얼마로 견적하는 방법

나의 몸값을 돈으로 환산하는 아주 간단한 방식이다. 프리랜서들에게 아주 익숙한 과금 형태이며 주로 시간당 얼마, 이런 식으로 견적한다. 강의나 컨설팅의 경우가 대표적이다. 결과치에 대해서 정량적으로 측정하기 어려운 경우이거나 노동력이 명확하게 투입되는 업무일 경우 시간당 과금이 적당하다. 양측에서 모두 계산하기가 쉬워 예산 혹은 수입을 가늠하기 편하기 때문이다. 업계에서 시간당 과금을 하는 것은 아주 자연스러운 일이다. 문제는 나의 몸값을 어느 수준에 맞추냐는 것이다. 나의 몸값은 얼마나 할까? 시간당 5만 원? 시간당 100만 원? 천차만별인데 나는 시간당 얼마를 받으면 좋을까? 어떤 유명 강사는 1시간 특강으로 500만 원을 받았다던데…. 나도 그럴 수 있을까? 이 문제에 대한 답은 당연히 본인이 알아야 하지만 주변에서 힌트를 얻을 수는 없을까?

우선 직장인의 경우 월급이 300만 원이라고 하면 시급이 2만 원이 채 안 되고, 600만 원이라고 하면 시급이 3만 원 정도 수준이 된다(세금이나 판관비 등의 문제는 논외로 하도록 한다). 막상 시급으로 계산을 해 보면 생각보다 높지 않다는 데 적잖

불황에도
잘나가는
사람들의
영업비밀

이 놀랄지 모르겠다. 그 이유는 직장인의 경우 모든 업무가 분업화되어 있기 때문에 그렇다. 가령 디자인 회사에서 디자이너는 디자인만 하고, 영업 담당자는 영업을 하고, 영업 관리 부서에서는 계산서 처리, 수금, 세금 신고 등의 업무를 나눠서 하기 때문이다. 그러나 프리랜서는 이 모든 업무를 혼자서 해야 한다. 따라서 프리랜서로서 최저 시급으로서 적당한 수준은 직장인 시급의 약 3배에서 5배 정도라고 생각한다. 즉 5~10만 원 수준으로 볼 수 있는데 이 부분은 솔직히 딱 꼬집어 말하기 어렵다. 왜냐하면 프리랜서의 경력, 배경, 실력이 천차만별이고 몸담고 있는 곳이 어떤 분야인지에 따라서도 달라지기 때문이다.

아무튼 본인의 경력이 일천하고 이것저것 따지고 싶지 않다면 5~10만 원으로 시작하면 크게 무리가 없다. 그리고 시간이 흐르고 경력이 쌓이면 점점 가격을 올려 받도록 한다. 하지만 이 부분은 크게 걱정을 하지 않아도 된다. 왜냐하면 한번 세팅한 가격으로 일처리를 하다 보면 반드시 임계점이 찾아온다. 너무 바빠서 일 처리를 제대로 하지 못할 때, 그때 가격을 올리면 된다. 웬만하면 5만 원 단위로 올리면 무난하다. 연차가 쌓이고 고객이 많아지다 보면 몇 년 지나지 않아 20만 원이 되고, 30만 원이 될 것이다. 시간당 과금 수준을 높이더라도, 기존 클라이언트의 가격을 갑자기 올리는 것은 삼가길 바란다. 그저 기존 고객이 다른 잠재 고객을 소개해 준다고 할 때 오른 가격에 대해 잊지 않고 살짝 운만 띄우면 된다.

한편, 어떤 프리랜서는 고객마다 다른 가격을 적용하는 것에 대해 너무 신경을 쓰거나 심지어는 죄책감마저 느끼는 경우를 보게 된다. 특히 디자인 쪽 일을 하시는 분들은 그동안 교육 환경이나 직업 환경상 아무래도 치밀한 계산에 약해 스트레스를 많이 받는 경향이 있다 보니, 가격을 이랬다 저랬다 바꾸는 것을 매우 복잡하게 생각하고 머리 아파한다. 그러나 가격이라고 하는 것을 단 하나의 표준가로 정해야 한다는 강박관념에서 벗어나길 바란다. 오히려 가격을 고객마다 동일하게 적용하는 것이 더 어렵다. 왜냐하면 고객마다 허용 가능한 예산도 다 다르고 처해진 비즈니스 환경도 다 다르기 때문이다. 예를 들어 컨설팅의 경우 대기업을 대상으로 하는 컨설팅과 스타트업을 대상으로 하는 컨설팅의 시간당 과금이 동일할 수 없다.

견적할 때는 과하지도 모자라지도 않게 한다

당구 스포츠 중에 3구 경기 혹은 4구 경기의 경우 불문율이 있다. 목적구를 맞힐 때는 더도 말고 덜도 말고 딱 맞을 만큼의 세기로 쳐야 한다는 것이다. 그래야 계속 이어 칠 수 있기 때문이다. 견적도 마찬가지다. 너무 비싸게 해도 안되고 너무 싸게 해도 안된다. 적당한 가격으로 견적해야 고객과 계속 대화를 이어갈 수 있다. 너무 터무니없이 비싼 가격을 던지면 고객은 당장 대화를 중단할 것이고, 너무 싼 가격을 던지면 프리랜서의 실력을 의심할 것이다.

그런데 초보 프리랜서들이 흔히 착각을 하는 것 중에 하나가, 본인의 업력(業歷)에 대해 고려를 하지 않는 것이다. 주변에서 '내가 얼마나 실력이 좋은데 감히 나를 이렇게 싸게 쳐버릴 수가 있느냐?'며 분개하는 것을 많이 봤다. 예를 들어 직장 생활 3년 정도에 프리랜서 경험이 겨우 2년 정도인 초보 컨설턴트에게 시간당 자문료로 30만 원 이상을 주는 것은 일반적인 통념이 아니다. 업계에서 통하는 상식과 관행이라는 게 존재한다. 너무 자신을 처음부터 과대평가하지 않기를 바란다. 업력이 쌓이고 주변에서 일 잘한다는 호평이 이어지면 내가 올리지 않아도 자연스럽게 몸값은 올라갈 것이다.

한편, 견적을 할 때는 과금에 대해 최대한 단순한 논리를 가지고 설명을 하기를 바란다. 시간당 인건비나 가치에 따른 비용 등이 누가 봐도 납득이 된다면 괜찮지만, 뭔가 구차한 설명이 들어가면 안 된다. 예를 들어 견적을 받은 고객이 왜 이렇게 비싸냐고 물을 때, 일주일에 2번씩 고객사로 올 때 드는 택시비 등 교통비, 미팅할 때마다 커피를 접대하는 비용, 고객사의 일을 하다 보면 시간상 다른 일을 하지 못하는 기회비용 등 소요되는 경비가 한두 푼이 아니라는 이유를 들어 해명한다면 정말 아마추어 같다. 그런 경비는 인건비라는 기본 견적 금액에 이미 포함되어 있어야 하는 것이다. 그런 식으로 따지면 사무실 월세까지 소비자에게 물어야 할 판이니, 견적에는 소비자가 명쾌하게 인정할 수 있는 소비자 편익에 근거해서 작성해야 한다.

> **실 습**

가격 세팅 연습하기

- 본인이 어떤 종류의 업무를 제공하는 지 판단하고, 아래 2가지 중 적절한 가격 정책을 택한다

❶ 서비스를 제공하는 프리랜서의 가격 세팅

> **실 습**

앞에서 설명한 Good-Better-Best 가격전략을 참조하여 적어보자.

가치/기능	Best	Better	Good

❷ 강사 혹은 컨설턴트의 가격 세팅

샘플

웹디자인 프리랜서의 임계점에 따른 시급 책정

임 계 점	시 급 (時給)
프리랜서를 처음 시작할 때	5만원
주 1회 이상 강의(컨설팅) 요청 시	10만원으로 인상
주 2회 이상 강의(컨설팅) 요청 시	15만원으로 인상
주 3회 이상 강의(컨설팅) 요청 시	20만원으로 인상

실습

임 계 점	시 급 (時給)

구매 확률을 높이는 가격/판매 전략

사업자나 프리랜서들이 제품이나 서비스를 팔 때 가장 큰 고민 중의 하나는 차별성이다. 많은 판매자들이 비슷한 제품을 팔고 있기 때문이다. 물론 차별화가 중요하다는 건 알지만 그게 그렇게 쉬운 일이 아니다. 그러다 보니 모두가 앞다투어 가격을 내리고, 심지어 밑지고 팔기까지 하게 된다. 그야말로 피 튀기는 무한경쟁이다. 소규모 영세 상인들의 경우는 규모의 경제를 이룰 수 없어 상대적으로 비싸게 팔 수밖에 없기에 고통스럽다. 자영업자의 경우는 온라인으로 판로가 옮겨지다 보니 오프라인 매장에서 더욱 힘들어지는 추세다. 사업자나 프리랜서들에게 적용 가능한 탁월한 가격 전략은 없을까?

❶ 오프라인 매장을 위한 큐레이션 전략

각각의 세품마다 의미를 부여하는 것이다. 물긴을 팔 때 가격으로만 승부하지 말고 제품 저마다의 스토리를 입히는 것을 말한다. 공구 제품 판매점을 예로 들어보자. 가령 2019년 대한민국에서 가장 많이 팔린 와이어스트리퍼, 독일 판매 1위 유압전동펌프, 대한민국 무형문화재 OO 대목장이 추천하는 드릴 등 사례는 많다. 가격만 표시해 놓지 말고 가격표 근처 눈에 잘 띄는 곳에 POP나 팻말을 붙여놓자. '큐레이션'이라는 단어는 원래 '보살피다'라는 뜻을 가진 큐라레(curare)에서 유래했다고 한다. 미술관이나 박물관에서 그저 돌 조각에 불과한 유물에 엄청난 의미를 부여하며 국보나 보물이라 격을 높여 애지중지 보관하는 것을 떠올리면 된다. 뭉치로 파는 드릴비트라 할지라도 어떻게 제시하는지에 따라 상황이 달라진다.

❷ 세트 메뉴 전략

요즘 밀레니얼 세대 사이에 '클래스101'(https://class101.net)이 많은 인기를 끌고 있다. 클래스101은 온라인 교육 사이트인데, 2019년 8월 현재 회원 수는 40만 명, 소프트뱅크벤처스 등에서 130억 원 이상 투자를 유치하며 급성장한 스타트업이다. 이곳은 미술, 공예, 사진, 영상 등 예술 분야에 특화되어 강의를 한다는 점이 특이하다. 하지만 이쪽 예술 분야는 실습 위주로 교육이 진행되어야 하기 때문에 온라인 강의는 불가능하다고 여겨지던 영역이다. 그럼에도 불구하고 성공한 이유는 바로 세트메뉴 전략에 있다. 단순히 미술을 온라인으로 강의만 제공하는 것이 아니라, 수업에 필요한 붓, 물감, 팔레트 등 초보자들이 처음 구입하기 어려운 재료들을 온라인 강의와 함께 세트로 제공, 판매하는 것이다.

이번에도 공구상을 예로 들자면, 공구상도 세트메뉴 전략을 응용할 수 있다. 절삭, 금형, 계측, 컴프레서, 용접, 전동, 철물, 원예 등 제품별로 구분하고 진열할 생각만 하지 말고, 과감하게 소비자의 목적에 맞게 주제를 정해서 세트로 제시하는 것은 어떨까? 예를 들어, **"목공 초보자를 위한 공구세트"**를 구성해 볼까? 전동드릴, 캘리퍼스, 센터펀치, 이중기리, 스퀘어, 줄자, 드라이버, 비트, 나사못, 다보, 톱자루, 수평자, 샌딩페이퍼, 작업벨트 등을 묶어서 케이스까지 예쁘게 함께 판매하면 입문자들이 무엇을 사야할 지 몰라 방황할 때 큰 위안이 될 수 있다. '이것 하나면 입문용으로 앞으로 3년 간은 무난하게 DIY 목공을 즐길 수 있습니다!'라고.

또 비슷한 사례가 있다. 일본의 유명 서점 츠타야(蔦屋書店)는 책이 잘 팔리지 않는 건 판매하는 쪽에 문제가 있다고 자책하며, 소비자들이 어떻게 하면 잘 구입하게 만들 수 있을지에 대해 고민을 했다고 한다. 그래서 기존의 여느 서점처럼 경영, 경제, 소설, 만화, 잡지, 수험서 등으로 분류를 한 게 아니라, 디자인과 건축, 음식과 요리 등으로 재구성을 했다. 그래서 요리 책 옆에는 냄비와 올리브 오일을 함께 파는 등 파격적으로 세트를 구성했다. 처음 볼땐 여기가 서점 맞나 싶었으나 "이 냄비에다가 이 요리를 해먹으면 맛있겠구나!"라는 이미지가 떠올리게 구성해 놓은 것이다. 그래서 츠타야서점의 모토는 '취향을 설계하는 곳'이다. 세트메뉴 전략을 사용하기 위해서는 비즈니스를 유통으로 바라보는 것이 아니라 소비자들을 위한 라이프 스타일 인플루언서 입장에서 바라보는 것이 중요하다.

❸ 서브스크립션 가격 전략

서브스크립션(Subscription) 가격 전략은 주로 온라인 비즈니스에 적용되는 것이 사실이다. 왠만한 클라우드 서비스가 이 가격 전략을 채택하고 있는데, 아마존 웹서비스(AWS), 넷플릭스(Netflix), 네이버 클라우드, 협업 툴인 잔디(Jandi) 등이 그 대표적인 사례이다. 매월 얼마의 구독료를 정기적으로 받고 있으며, 그래서 서비스크립션 서비스라고 한다. 이는 소비자들로 하여금 전체 총소유비용(TCO, Total Cost of Ownership)을 작게 보이게 하는 효과를 주며, 쓴 만큼만 돈을 내게 되는 일종의 종량제 과금 방식(Pay-as-you-go)의 성격을 띠게 되므로 합리적인 소비로 인식되고 있다.

최근에는 온라인 비즈니스는 물론 거의 모든 제품이나 서비스에도 널리 사용되고 있다. 위메프에서 운영하는 W카페는 커피 무제한 패스 가격 전략을 사용 중이다. 예를 들어 월 29,900원을 내면 한 달 내내 아메리카노가 무제한이다. 카페라떼를 포함한 요금제는 월 39,900원, 모든 커피 요금제는 49,900원이다. 물론 하루 한 잔 기준이다. 통신사의 요금제를 따라한 것이다. 과연 이게 말이 되나 싶겠지만, 카페 근처에 직장을 다니는 커피 매니아 소비자들에게는 매우 합리적이다. 판매하는 카페 입장에서도 현금 융통에 도움을 주며, 낙전효과를 누릴 수도 있기에 가격을 적절히 설정하고 혜택 범위와 조건을 잘 조절하면 충분히 효과를 볼 수 있다.

내가 파는 제품 중에 저렴하지만 정기적으로 사용되는 제품이 종종 있을 것이다. 이들 제품을 잘 분류하고 구성하여 단골 손님들에게 월간 비용 혹은 더 나아가 연간 비용을 받되 수량 한도를 적절히 정해서 제공한다면 거래상의 쓸데없는 행정 비용을 줄일 수 있다. 소상공인들에게 가격이란 언제나 불리한 것이다. 그러나 조금은 비싸더라도 지금까지 제시한 여러 가격/판매 전략을 이용한다면 경쟁력을 얻을 수 있을 것이다. 뻔한 제품에 가치를 새롭게 부여하고, 소비자들의 니즈에 맞춰 상품을 재분류를 하고, 이렇게 묶고 저렇게 묶어 번들을 제시하고, 기간을 이용해 가격을 다시 재구성하는 방법이 그것이다. 다시 강조하지만, 드릴을 팔지 말고 구멍을 팔자!

불황에도
잘나가는
사람들의
영업비밀

06

경제적
시간적
자유를 얻는
스마트한 방법

불황에도
잘나가는
사람들의
영업비밀

나의 콘텐츠가 돈을 벌게 하라

투자의 귀재 워렌 버핏(Warren Buffett)은 "잠자는 동안에도 돈이 들어오는 방법을 찾아내지 못한다면, 당신은 죽을 때까지 일을 해야만 할 것이다. (If you don't find a way to make money while you sleep, you will work until you die.)"라고 하였다. 독립 사업자나 프리랜서는 주로 본인의 몸과 시간을 할애하여 돈을 벌지만, 빠른 시간 안에 본인의 유산(遺産, heritage)이 스스로 돈을 벌게 해야 한다. 그래야 지속 가능하다. 대부분의 경우 온라인 채널에 나의 콘텐츠를 공급함으로써 수익을 얻는다. 아직도 많은 사람들이 콘텐츠로 돈 버는 것은 한계가 있다고 하지만, 시간이 흐를수록 점점 콘텐츠 제공자들에 대한 대우가 개선되고 있다. 구글 에드센스 광고 수익, 유튜브 광고 수익, 카카오의 1분(1boon)과 같은 콘텐츠 플랫폼을 통한 광고 수익 등 텍스트와 영상 가리지 않고 콘텐츠를 제공하는 사람에게 수익 창출의 길은 점점 넓어지고 있다. 그중에 기본은 '텍스트'다. 위대한 영화도 대부분 위대한 시나리오에서 나오듯이, 아무리 영상의 시대라지만 텍스트의 힘은 생각보다 오래간다.

책 쓰기

선배 프리랜서들이 나에게 한결같이 조언했던 것은 바로 책 쓰기였다. 사실 책 쓰기에 대해 들었을 때는 별로 감흥이 없었다.

왜냐하면 몇 년 전부터 우리나라에 책 쓰기 열풍이 일어나 수많은 책 쓰기 강좌가 열렸고, 오래전부터 있어 왔던 독립 출판이라고 하는 것이 조금 진부하게 느껴졌기 때문이다. 그러니까 전문가라서 책을 쓴다는 느낌보다는 그냥 아무나 쓰는 거 아닌가라는 생각이 들었었다. 그러나 자신의 지식이나 노하우를 갖고 서비스를 하려는 프리랜서라면 책 쓰기는 강력하게 추천하고 싶은 것이다. 특히 강의나 컨설팅을 하려는 프리랜서에게는 거의 필수적이다. 그 이유는, 책이라고 하는 '헤리티지(Heritage)'가 지속적으로 강사나 컨설턴트의 가치를 높여 주기 때문이다. 강사의 경우 책의 목차는 거의 그대로 강의 커리큘럼이 될 것이며, 컨설턴트의 경우 업무 포트폴리오, 컨설팅 철학 및 노하우가 잠재 고객들에게 공개되는 효과를 누릴 것이다.

실제로 2018년 초 영업 관련 책을 출간했던 나에게는 지금도 꾸준하게 기업 강의 요청이 들어오고 있다. 예전에 선배로부터 조언을 들었던 대로, 집필하기 전부터 이런 결과에 대한 어느 정도 확신을 갖고 있었다. 우리나라의 강의 시장은 생각보다 크고, 책 출간은 프리랜서의 수입과도 직결된다. 출판 인세에 관해서 나는 긍정적으로 말하고 싶다. 많은 사람들이 인세만으로는 돈을 못 번다고 하지만 몇 쇄 이상을 찍을 경우에는 수입 면에서 유의미한 숫자가 나올 수 있다. 그리고 출판사를 통해 출간할 경우 인세가 작지만, 직접 출판사를 차려 출간을 할 경우 상황은 달라진다. 물론 직접 진행할 경우 오프라인 서점에 대한 유통 영업이 문제가 될 수 있는데, 최근 교보문고의 '퍼플 (pubple.kyobobook.co.kr)'과 같은 서비스를 이용하면 직접 온라인 서점에 납품할 수 있는 길이 열린다. 지속적인 콘텐츠 생산 능력이 있는 사람이라면 인세로도 현실적인 희망을 가져도 좋다.

기고

'거인의 어깨에 올라타라'는 말이 있다. 나의 콘텐츠를 내 홈페이지에 올리는 것은 너무나 바람직한 일이다. 하지만 내 홈페이지보다 훨씬 영향력이 높은 사이트에 올리는 것은 더 바람직하다. 특히 그 사이트가 뉴스 미디어라면 더욱 좋다. 방문자 수가 일반적으로 나의 것보다 많을 것이기 때문이다. 쉽지는 않겠지만, 블로그나 SNS 활동을 꾸준히 하다가 어느 정도 임계점을 넘으면 뉴스 미디어에 기고하는 것을 적극 추천한다. 나를 알리는 데 큰 도움이 되기 때문이다. 물론 원고료 따위는 생각하지 않는 것이 좋다. 내가 아직 유명한 사람이 아니라면 말이다. 당연히 미디어 편집팀 측에 내 홈페이지와 SNS 링크를 걸어 달라고 부탁해야 할 것이다. 그러면 결과적으로 내 채널로 자연스럽게 독자들을 유입시키는 효과를 누릴 수 있다.

나 같은 경우는 다음 브런치에 영업 관련 글을 꾸준히 올렸는데, 국내외 모바일 및 스타트업 시장 전반에 대한 소식을 전하는 '모비인사이드 (mobiinside.com)'에서 내 글을 보고 기고를 부탁해 왔다. 나중에 구글 애널리틱스로 분석해 보니, 모비인사이드를 통해서 나의 홈페이지로 유입된 유저수가 상당히 많았다. 물론 나의 경우처럼 미디어 측에서 먼저 나에게 제안을 하지 않는다고 해서 실망할 필요는 없다. 미디어들은 언제나 콘텐츠를 갈망하기 때문에, 어느 정도 수준의 전문성만 검증이 되면 기고를 할 수 있는 기회는 많다. 내가 항상 관심을 가지고 안테나를 돌리고 있으면 기회는 온다. 본인의 해당 산업 분야에서 유력한 미디어를 검색하여 발행인이나 편집인에게 제안을 해 보라. 아직 내가 유명인이 아니라면 내가 먼저 움직이자.

기고를 할 수 있는 채널이 또 있다. 각 기업체에서 발행하는 사내보다. 나는 교원그룹의 사내보인 교원가족(webzine.kyowon.co.kr)에 매월 영업 관련 글을 기고한 적이 있다. 대기업이나 중견기업의 경우 사내 방송이나 사내 잡지를 운영하는 경우가 많다. 이들은 일반 대중들에게 영향력이 비교적 작지만, 원고료도 챙길 수 있음은 물론 프리랜서로서 콘텐츠를 정립하는 데에 도움을 받을 수도 있다. 무작정 글을 쓰는 것보다 정기적으로 마감의 압박을 받으며 긴장감 있게 글을 쓰면 본인의 실력을 극대화할 수 있다. 마치 전쟁 중에 신무기 등 기술 개발에 속도가 붙는 것과 마찬가지다. 창의력은 절실할 때 발현되기 때문이다.

온라인 강의

온라인 강의 사이트 '유데미(udemy.com)'는 글로벌 강의 플랫폼으로서 누구나 저렴한 가격으로 거의 모든 주제의 과목을 수강할 수 있다. 개발, 비즈니스, IT 및 소프트웨어, 자기 계발, 디자인, 마케팅, 건강 및 운동, 음악, 사무 생산성 등 웬만한 주제는 다 있다고 해도 과언이 아니다. 마찬가지로 유데미에서는 누구나 강사가 될 수 있다. 스마트폰이나 DSLR을 통해서 녹화를 해도 되고, 카메라 앞에 서는 것이 부담스럽다면 캠타시아(Camtasia) 같은 소프트웨어를 활용하여 강의를 녹화할 수 있다.

관건은 자신의 고유한 콘텐츠가 있는가에 달려 있다. 강의의 수준이나 난이도는 두 번째 문제이다. 이 세상에는 정말 다양한 종류의 사람들이 저마다 다른 수준에서 배움을 원하기 때문에, 전문가로서 자리 매김하는 것은 절반 이상이 용기에 달려 있다고 해도 과언이 아니다. 수익 배분도 매우 합리적이라서 유데미에서 판매되는 경우 수익의 50%가 강사에게 지급되고, 강사가 발행한 쿠폰을 통해 수강생이 강좌를 구매한 경우 강좌 수입의 97%를 강사가 가져간다.

교육 업계에서 온라인 수업과 오프라인 수업을 병행하여 교육의 효율성을 높이는 소위 '플립트 러닝(Flipped Learning)'의 개념이 널리 적용되고 있다. 따라서 강사의 경우, 온라인 강의는 유데미에 올려 놓고 오프라인 강의와 연동시키면 수익을 입체적으로 구성할 수 있어 프리랜서 전문가에게 매우 이상적인 모델이 될 것이다. 내가 아는 한 프리랜서는 유데미를 통해서 매월 수십만 원의 수익을 얻고 있다. 헤리티지가 돈을 벌게 해주는 것이다.

그 밖에도 국내에 온라인 교육 회사들이 굉장히 많다. 수십 년의 역사를 가진 회사부터 신생 스타트업까지 셀 수 없을 정도로 많다. 경우에 따라 B2C를 타겟으로 하는 경우도 있고, 기업 교육을 중심으로 하는 경우도 있다. 회사들이 너무 많아서 몇 군데만 예로 들기에 부담이 있을 정도다. 활동을 열심히 하다 보면 연락을 받게 된다. 콘텐츠 및 강의료에 대해서 일시불로 지급하기도 하고 수강이 되는 횟수를 기반으로 강사와 업체가 몇 대 몇의 비율로 수익을 배분하기도 한다. 계약 기간이나 콘텐츠 활용 정도에 따라 본인이 잘 판단하여 계약을 하면 된다.

실습

콘텐츠로 돈벌기 계획 작성하기

- 투자의 귀재 워렌 버핏(Warren Buffett)은 "잠자는 동안에도 돈이 들어오는 방법을 찾아내지 못한다면, 당신은 죽을 때까지 일을 해야만 할 것이다." (If you don't find a way to make money while you sleep, you will work until you die.) 라고 하였다. 프리랜서는 주로 본인의 몸과 시간을 할애하여 돈을 벌지만, 빠른 시간 안에 본인의 유산(遺産, Heritage)이 스스로 돈을 벌게 해야 한다. 그래야 프리랜서로서 지속 가능하다

> 샘플

스타트업 마케팅 강사 프리랜서의 헤리티지 만들기

헤리티지	구체적 계획	기대 효과
책쓰기	가제 '온라인 마케팅 30일 만에 정복한다!' 출간	인세 수입
온라인 강의	유데미(Udemy)에 스타트업 마케팅 강의 업로드	온라인 강의 판매 수입

> 실습

헤리티지	구체적 계획	기대 효과

전문가의 책 쓰기, 이렇게 하면 된다

우리는 작가가 아니다. 그러므로 글 쓰는 기술적인 방법을 다루고 싶지는 않다. 작가로서 글을 잘 쓰는 것보다 전문가로서 내 전문 분야를 정리하는 게 우리의 목표다. 문체가 어쩌고 은 유법이 어쩌고… 그런 것보다는 전문가라면 본인의 경험을 근거로 책을 한 권 쓰는 것은 매우 권장할 만한 일이다. 인세, 그런 것 가지고는 돈 못 번다는 말을 많이들 한다. 이해가 안 가는 건 아니나, 그렇다고 불가능한 것도 아니다. 책으로 인해 강연 요청, 전문가 패널 요청 등 실질적인 수입과 직결되기 때문이다. 그리고 한 권에 만족하지 말고 지속적으로 쓴다면 인세 그 자체로도 의미 있는 경제적 수입이 가능하다고 본다. 아무튼 아래 5가지 방법으로 본인의 전문 분야를 탐독해 보고, 앞으로 1년 이내에 꼭 책 한 권 출간하길 바란다.

❶ 내가 경험했던 업무를 정리한다.

책을 쓰려고 할 때 사람들은 자꾸 부담을 갖게 된다. 그 이유는 자신이 없기 때문이다. 먼저 당부하고 싶은 게 있다. 전혀 그럴 필요가 없다. 내가 했던 업무는 내가 제일 잘 안다는 것을 인식하는 것이 중요하다. 내가 하는 일이 너무 뻔해 보여도 다른 사람들에게는 뻔하지 않을 수 있다. 편의점 매장 관리 업무를 하는 담당자는 그 누구보다 편의점 매장 관리에 대해서 최고로 잘 안다. 경영학과 교수도, 유통 전문가도, 프랜차이즈 회사 대표도 그를 따라갈 수가 없다. 상품 진열 노하우, 가맹점주 관리 노하우, 상권 분석 노하우, 직원 채용 노하우, 상품 입출고 노하우 등 매장 관리에 관해 10권짜리 한 질 시리즈를 내고도 남을 분량이 차고 넘친다. 주말 아침에 모닝커피를 마시면서 차분하게 업무 프로세스를 정리해 보자. 매장에서 상품 진열만 열심히 하지 말고 매장 진열의 노하우를 체계적으로 정리해 보자. 날씨와 상권에 따라 적절한 상품을 적절한 매대에 진열하는 노하우는 매장 운영을 하려는 사람에게는 최고의 콘텐츠가 될 것이다.

❷ 도서관에 가서 관련 서적을 조사한다.

내가 쓰려고 하는 책은 웬만하면 시중에 나와 있다. 그래도 괜찮다. 너무 결벽증적으로 세상에 없던 것을 창조해야 한다는 강박관념에서 벗어나자. 같은 이야기라도 내 경험을 쓰면 그것 자체가 유일무이한 것이니까. 하지만 기존 콘텐츠도 파악하고 틈새 콘텐츠도 조사할 겸 도서관에 가 보자. 필자의 경우도 내 책을 쓰기 전에 도서관에 가서 영업 관련 책을 쭉 훑어보았다. "아~ 주로 이런 내용을 쓰는구나. 이런 식으로 얼버무렸네. 사례가 너무 적네."라며 내가 채울 빈자리를 떠올렸다. 그리고 전반적인 책의 목차를 떠올리며 가닥을 잡았다. 서점에 가 보는 것도 좋다. 제목과 목차를 정하는 감각도 익히고, 문체도 살펴가면서 나만의 색깔을 잡아가는 절차라고 보면 된다.

❸ **잡지를 본다.**

필자는 주변 사람들로부터 참 별걸 다 안다는 말을 들을 때가 많다. 칭찬인지 조롱인지 분간하기 어려운 말이지만 그래도 듣기 좋은 말로 인식하고 있다. 분명한 건 나의 신변잡기적인 잔 지식은 대부분 잡지로부터 얻는다는 것을 말하고 싶다. 남성지에서부터 여행 잡지 그리고 대기업의 사내보까지 모조리 넘겨보는 게 일종의 취미다. 합정동에 위치한 종이잡지클럽(https://www.wereadmagazine.com)의 회원일 정도로 잡지를 사랑한다. 잡지를 보다 보면 엄청나게 상큼한 아이디어가 떠오른다. 이기종(異機種) 간 상호 교류에서 혁신이 나오듯, 전혀 관련이 없는 분야로부터 내 전문 분야에 적용할 만한 아이디어가 샘솟는다.

❹ **해외 사이트를 참조한다.**

해외 사이트는 콘텐츠의 보고(寶庫)다. 아무래도 직업 작가, 프리랜서 컨설턴트, 프리 에이전트가 발달한 미국 사이트에서 배울 점이 많다. 그들의 사이트만 검색해 봐도 영감이 팍팍 떠오른다. 다이엘 핑크(Daniel Pink, http://www.danpink.com), 그레첸 루빈(Gretchen Rubin, https://gretchenrubin.com), 브렌든 버차드(Brendon Burchard, https://brendon.com), 크레이그 워트만(Craig Wortmann, http://www.salesengine.com) 등… 모두 스스로 콘텐츠 하나만으로 연간 수십 억을 버는 사람들이다. 그들의 콘텐츠를 감상해 보자. 그리고 무크(MOOC, Massive Open Online Courses) 사이트인 코세라(Coursera, https://www.coursera.org), 온라인 교육 사이트인 스킬쉐어(Skillshare, https://www.skillshare.com)를 보면 매우 정갈하게 정리된 학습 콘텐츠를 만끽할 수 있다.

❺ 주변 사람들한테 물어본다.

어느 정도 내 경험을 정리하다 보면 내용이 분명 한쪽으로 쏠리게 된다. 가령 목공 경력자의 경우 톱으로 자르고 드릴로 뚫는 스킬에 집중할 수 있는데, 알고 보니 사람들은 공방을 차리는 데 얼마나 드는지에 대해 관심이 있을 수 있다. 어떤 것이 더 중요하다고 단도직입적으로 주장할 수는 없다. 분명한 것은 사람들이 원하는 것을 이야기해야 한다는 것이다. 한쪽으로 치우칠 수 있으니 틈 날 때마다 주변 사람들에게 물어보자. "네가 만약에 영업 컨설팅을 받는다면 어떤 걸 받고 싶니?"라고 쿨하게 물어보자. 전혀 의외의 답을 받게 될지도 모른다. "음… 컨설팅보다는 누군가가 영업을 대신해 줬으면 좋겠어." 아뿔싸, 원하는 영업 컨설팅이 뭐냐고 물어봤더니 영업 대행을 원하더라. 이것이 바로 사람들의 바람이다. 그렇다면 제대로 된 영업 대행사를 찾는 방법을 연구해서 글로 쓰면 된다. 전혀 예상 못했던 답을 받더라도 절대 반박하거나 왜곡하지 말자. 그것이 사람들의 니즈

(needs)고 수요이기 때문이다.

애드센스, 유튜브 광고 수익

애드센스 광고는 온라인 채널을 보유한 사람이라면 누구나 광고 수익을 창출할 수 있도록 고안된 구글의 광고 프로그램이다. 블로그나 홈페이지가 있으면 배너 광고를 붙일 수 있고, 유튜브 채널이 있으면 거기에도 광고를 붙일 수 있다. 카카오의 티스토리(TISTORY)와 같은 블로그 채널이나 내가 만든 홈페이지에 구글에서 제공하는 스크립트 코드를 심으면 자동으로 구현된다. 구글의 알고리즘이 적용되어 웬만하면 해당 홈페이지의 콘텐츠와 유사한 성격의 광고가 자동으로 붙으니 광고주 입장에서는 타겟화 된 광고를 집행할 수 있다. 아래 그림처럼 몇 가지 애드센스 설정을 확인하고 선택하면 광고가 게시되고, 그 배너를 방문자가 클릭하면 수익을 얻게 되는 구조다. 물론 구글의 알고리즘이 단순 계산으로 되는 것도 아니고, 클릭당 수익도 그리 높지는 않다. 따라서 애드센스 광고로만 돈을 벌겠다는 건 무리. 하지만 출판 인세와 마찬가지로, 본인의 전문 분야를 연구하는 지식 창고로부터 추가 수익이 나온다니 굳이 마다할 건 없다.

불황에도
·
잘나가는
·
사람들의
·
영업비밀

애드센스 계정에서 광고 삽입하기

홈페이지에 광고가 적용된 모습

그리고 유튜브 광고 수익 역시 애드센스를 통해서 들어오게 된다. 구독자 1,000명과 지난 12개월 동안 시청 시간 4,000시간 이상 되는 유튜브 채널을 가진 크리에이터는 애드센스 연결을 신청할 수가 있다. 유튜브에서 누적되는 광고 수익금이 애드센스로 연결되는 것이다. 종류에 따라 디스플레이 광고, 오버레이 광고, 건너뛸 수 있는 동영상 광고, 건너뛸 수 없는 동영상 광고 등의 종류가 있는데, 처음에는 너무 복잡하게 생각할 필요가 없다. 왜냐하면 구글 알고리즘이 적용되어 적당한 위치와 타임라인에 광고를 자동으로 실어주기 때문이다. 또한 유튜브 라이브 슈퍼챗을 통해 수익을 얻을 수 있으며, 구독자와 시청자가 많이 늘어나면 기업에서 자신의 제품이나 서비스를 홍보해 달라는 브랜드 협찬 광고가 들어올 수 있다. 유튜브 광고 수익에 대해서는 가장 원론적인 이야기를 하는 게 좋을 것 같다. 높은 광고 수익을 위한 가장 중요한 요소는 유튜브 시청자들의 '시청 시간'을 늘리는 것이며, 결국 훌륭한 콘텐츠를 만드는 것이 관건이다. 재미있거나 유익하거나 감동적인 콘텐츠 말이다.

업무의 생산성을 높여주는 스마트 도구들

불황의 시대다. 이 불황은 언제 끝날 지 모른다. 어쩌면 영원히 끝나지 않을 지도 모른다. 회사를 다니는 사람은 항상 회사

불황에도
잘나가는
사람들의
영업비밀

이후를 대비해야 하고, 회사를 들어가려는 사람도 회사 이후를 꿈꿔야 하는 시대다. 어줍잖은 노하우, 길기만 한 경력, 그저그런 차별성… 그런 것 가지고는 생존할 수 없다. 엄동설한에도 살아 남으려면 모든 걸 혼자 할 수 있어야 한다. 회사 다닐 때는 마케팅과 세일즈, 그리고 재무회계 등 각 부서마다 자기 할 일만 열심히 하면 됐다. 그러나 불황에도 끄떡없는 사람이라면, 항상 회사를 배제하고 생각해야 한다 회사 없이도 생존할 수 있어야 한다는 뜻이다. 모든 것을 할 수 있도록 시늉이라도 내야 한다. 혹시 나중에 몇 달 뒤에는 알바를 시키더라도, 일단은 내가 처음부터 끝까지 할 줄 알아야 한다. 내가 할 수 있어야 남에게도 제대로 시킬 수가 있으니까 그렇다.

온라인 환경이 대세인 시대에 홈페이지, 블로그, 유튜브, 팟캐스트 등의 채널을 개설하는 건 기본이다. 메일침프를 비롯한 이메일 마케팅 툴과 고객과 빠르게 소통하기 위한 카카오톡 채널, 고객 대응에 기민하게 대응하기 위한 클라우드 스토리지 서비스도 역시 기본이다. 전문가로서, 인플루언서로서 장기적으로 선택하지 않을 수 없는 방향인 애드센스와 유튜브 광고 수익에 대한 이해도 필수적이다. 그리고 또 있다. 고객을 분석하는 도구인 구글 애널리틱스(Google Analytics), 동영상이나 이미지를 예쁘게 다듬는 데 쓰이는 어도비(Adobe) 계열의 소프트웨어, 바쁜 업무를 하나도 빠뜨리지 않도록 비서 역할을 해 주는 에버노트(Evernote)와 구글 캘린더(Google Calendar) 등 역시 섭렵하지 않으면 고생할 수 밖에 없는 소중한 스마트 도구들이다.

구글 애널리틱스

홈페이지 방문자의 데이터를 분석하는 웹 로그 분석 도구이다. 무료이며 배우기 쉽고 사용하기도 쉽다. 구글 애널리틱스 사이트에서 코드를 복사한 후, 내 홈페이지에 가서 코드 헤더 부분에 붙여넣기를 하면 된다. 그러면 내 홈페이지에 접속하는 모든 방문자를 분석하기 시작한다. 첫째, 방문자를 분석할 수 있다. 누가 내 홈페이지를 방문했는지? 몇 명이 방문했는지? 연령별, 성별, 지역별 등 인구통계학적인 분류, 방문 시간, 방문자의 IT 기기 등을 알 수 있다. 둘째, 유입 경로를 분석할 수 있다. 과연 어떤 경로를 통해서 내 홈페이지로 유입이 되는지? 유튜브, 소셜 미디어, 블로그를 통해서 유입되는지 아니면 검색을 통해서 유입이 되는지 알 수 있다. 셋째, 방문자의 행동을 파악할 수 있다. 홈페이지 내의 어떤 콘텐츠를 선호하는지? 어떤 콘텐츠에 몇 분 동안 머무르는지? 어느 페이지에서 어느 페이지로 넘어가는지? 등을 알 수 있다. 따라서 구글 애널리틱스로 분석하면 정밀하고 효율적인 마케팅이 가능하게 된다.

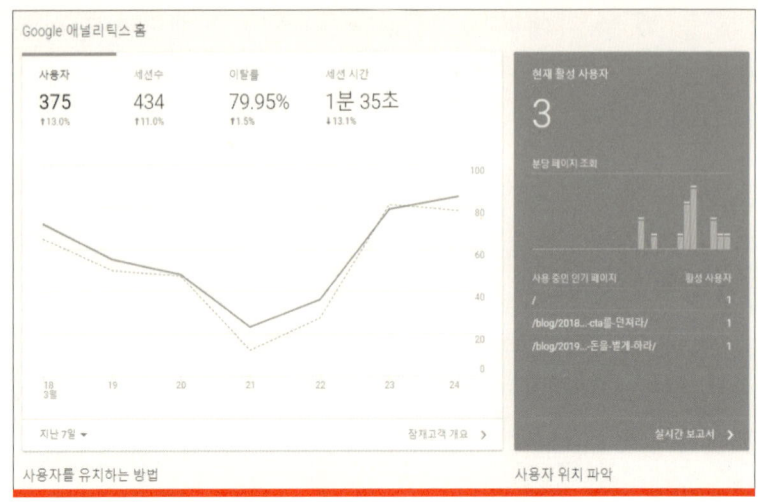

특정 기간 동안 몇 명이 방문했는지, 실시간으로 확인할 수 있다.

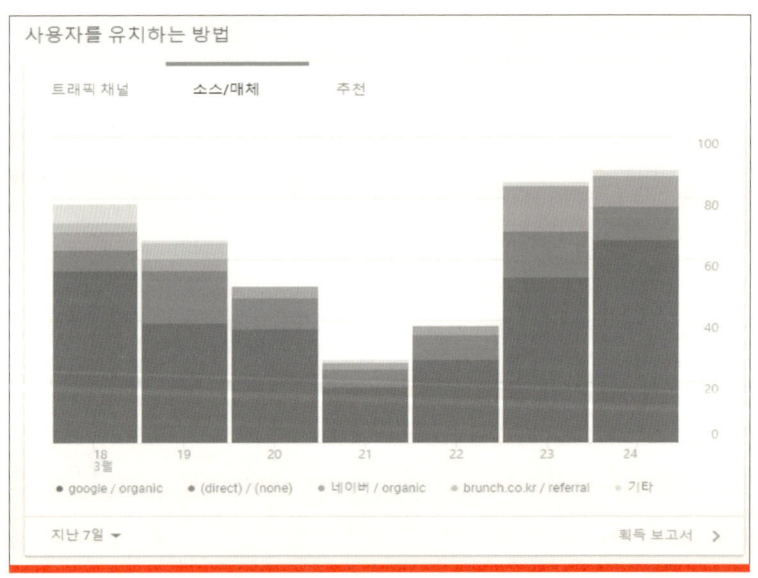

유입 경로, 방문 시간, 방문 위치를 알 수 있다.

사용자가 방문하는 페이지 파악		
페이지	페이지뷰 수	페이지 값
/	114	₩73,846
/blog/category/영업전략/	94	₩79,365
/blog/2017/11/...티브는-어떻게-책정해야/	55	₩30,769
/blog/2017/08/07/390/	22	₩11,765
/blog/2020/03/17/pricing/	22	₩126,316
/blog/2017/04/...털-세일즈-담당자의-등장/	20	₩100,000
/blog/2017/03/...레로-보는-swot-분석/	19	₩5,263
/blog/2017/12/...-고객-발굴-방법-5가지/	17	₩29,412
/blog/2017/03/09...sales-positions/	16	₩25,000
/blog/2018/01/12/...ription-pricing/	14	₩7,692

홈페이지 방문자들이 어떤 콘텐츠를 많이 보았는지 알 수 있다.

프리미어와 일러스트레이터

어도비 크리에이티브 클라우드에는 우리가 잘 아는 포토샵, 일러스트레이터, 인디자인, 라이트룸, 프리미어 프로와 러쉬 등 그래픽에 관한 거의 모든 프로그램이 담겨 있지만, 디자이너가 아니라면 프리미어 프로와 일러스트레이터 정도만 쓸 줄 알면 될 것이다. 혹시 프리미어 프로가 어렵다면 간편 버전인 프리미어 러쉬를 사용해도 좋다. 항상 강조하지만 우리는 전업 작가나 디자이너가 아니다. 몇 가지 기본 기능만 알아도 충분하다. 자르고 붙이고 자막 넣는 정도의 기능만 익히면 된다. 나의 전문성을 뽐낼 수 있는 내용에 충실하면서 영상을 찍고 프리미어 프로를 통해 편집을 하도록 하자. 유튜브에 훌륭한 강좌들이 많이 있으니 몇 시간만 보면 금방 배울 수 있다. 이런 일은 향후에 직원을 시켜도 되겠지만, 사업 초기 단계나 프리랜서 분들께 일단은 직접 해보라고 추천 드린다. 한편, 일러스트레이터는 명함을 만들거나 간단한 그래픽 작업할 때 사용하면 좋다. 종종 간단한 수준의 그래픽이 필요할 때가 있는데, 그때마다 어디 맡기는 것보다 직접 처리하는 게 더 빠를 수 있다.

구글 캘린더와 에버노트

다이어리, 플래너 다 써 봤지만 결론은 구글 캘린더와 에버노트다. 물론 이와 유사한 다른 서비스도 있으며 편리성과 사용성 대부분 비슷하니 자신에게 맞는 것을 고르면 된다. 일정이 생기면 무조건 구글 캘린더에다 기록을 하자. PC와 휴대전화 모두 동기화가 되니 어디든 상관없다. 오늘 일정, 내일 일정, 그리고 마감일을 표시할 때, 견적서 전달할 날짜를 표시할 때도 무조건 구글 캘린더에 기록하도록 하자. 잊지 않고 빠뜨리지 않고 일을 처리할 수 있게 된다. 수많은 애플리케이션 중에서 가장 잘 보이는 곳에 위치해 놓고, 매일마다 오늘 할 일을 체크하자. 일 잘

하는 비결 따로 없다. 빼먹지 않고만 처리해도 중간은 간다. 한편 순간순간 떠오르는 아이디어, 장기적인 계획을 세울 때 에버노트에 노트를 만들어 기록하자. 언제 어디서나 쉽고 빠르게 기록할 수 있다. 할 일은 많고 핵심에 집중해야 하기 때문에 스마트 도구들을 잘 활용하도록 하자.

탁월한 사람들의 시간 관리법 - 미라클 모닝

이제는 모든 산업이 무한 경쟁 시대

세상이 변했다. 불과 몇 년 전까지만 해도 우리나라의 대표적인 공구유통상가인 구로기계공구상가는 제품을 사 가는 사람들로 북적였고 오가는 차량들로 붐비면서 2~3분만 주차해도 경적이 울리는 일이 허다했다. 그러나 세상이 변하면서 이제는 완전히 달라졌다. 그나마 다른 산업 분야보다는 늦게 변화의 파도가 오기는 했지만, 이제 공구업계도 온라인 플랫폼이 대세를 이루면서 경쟁이 극도로 심해졌다. 설비 투자 위축에 이어 최저 임금 상승 등의 악재가 겹치면서 무한 경쟁으로부터 자유로울 수가 없게 됐다.

요즘 업계 관계자들을 만나보면 다들 장사가 예전 같지 않다고 한다. 말하자면, 과거에는 매장 운영만 잘해도 어느 정도 장사가 됐었다. 대부분 매장 위주의 업무 프로세스였고, 아침에 출근을 하면 청소부터, 배달, 매장 디스플레이, 주문, 재고 관리, 판매, 수금 등의 업무를 하면 됐다. 그러나 이제는 온라인 판매까지 신경을 써야 하기 때문에, 상품 등록, 홈페이지 관리는 물론 블로그나 SNS 포스팅 등 마케팅 업무까지 해야 하기 때문에 업무가 몇 배로 늘었다.

영업을 하는 사람은 하루하루가 항상 바쁘지만, 고객을 상대하다 보니 감정 소모까지 해야 한다는 점을 감안하면 업무 부담감이 체감적으로 더 높은 편이다. 필자도 신입사원 시절부터 계속 영업을 해왔던 사람으로서 이에 대해 깊이 공감을 하면서도, 악조건 속에서 일을 잘하는 비결은 결국 **'시간 관리'**라는 점을 느꼈다. 업무 시간에 이리저리 불려 다니다가 정작 중요한 일을 계속 미루게 되는 일이 발생하기 때문이다. 중요한 일을 빠뜨리지 않고 하는 것. 그것 만이 불황을 이기는 길이다.

미라클 모닝(Miracle Morning)을 경험하라.

독일 하이델베르크 교육대학의 생물학 교수인 크리스토프 란들러(Christoph Randler)는 2010년 7월호 하버드 비즈니스 리뷰에서 "아침형 인간이 올빼미형 인간보다 커리어 상으로 더 많이 성공을 한다." 라는 연구 실험 결과를 발표하였다. 아침형 인간은 상황을 미리 내다보고, 선제적 행동을 취하는 경향이 강하고, 평소 상황을 주도하며, 스스로 장기적 목표를 잡는데 시간을 보내기 때문이라고 한다. 물론 반론도 있다. 사람마다 바이오 리듬이라는 게 있어서 본인에게 맞는 유형이 있는 것이지 무조건적으로 아침형 인간을 강요하면 안 된다는 것이다. 그러나 수많은 연구 결과에서 목표를 달성하는 데 있어서 만큼은 아침형 인간이 탁월하다는 것이 증명되었다.

스타벅스의 회장인 하워드 슐츠는 매일 아침 4시 30분에 기상한 후, 반려견과 산책을 하고 5시 45분까지 운동을 한 후, 아내와 커피를 함께 마시고 출근한다. 버락 오바마는 매일 아침 6시에 일어나 6시 45분까지 웨이트 트레이닝을 하고, 가족들이 일어나면 함께 아침 식사를 한다. 오프라 윈프리는 해가 뜨기 전에 일어나 20분간 명상을 하고, 살아 있다는 것에 대해 그리고 내 인생에 일어난 모든 좋은 일에 대해 감사함을 되새긴다. 그 후 헬스장에서 러닝을 한다. 스티브 잡스는 매일 아침 거울을 보며 자신에게 물었다고 한다. "만일 오늘이 내 인생의 마지막 날이라면, 나는 오늘 내가 하려는 일을 정말 하고 싶어 하는 걸까?"

이들이 굳이 새벽 시간을 고집하는 이유는, 그 시간 만이 오롯이 나만의 시간을 만들기에 탁월하기 때문이라고 한다. 즉 하루 중 최고로 집중할 수 있는 시간을 최고의 순간으로 사용하는 것이다. 그야말로 **미라클 모닝**(Miracle Morning)을 만끽하는 것이다. 퇴근 후 시간, 자정을 넘긴 시간 등 아무리 생각을 해

보아도 새벽 시간 만한 때가 없을 것이다. 새벽의 1시간은 낮의 5시간에 맞먹는다 해도 과언이 아니다. 남들이 자고 있는 새벽 시간을 나만의 미라클 모닝으로 전환할 수 없을까?

그렇다면 성공하는 사람들은 미라클 모닝에 무엇을 할까? 일단 그들은 새벽 시간에 세상과 단절된다. 시간과 공간으로부터 독립적으로 단절되어 명상을 하고, 독서를 하고, 운동을 한다. 그리고 매사에 감사하고, 고마운 사람에게 감사를 표한다. 성공하는 사람들은 새벽 시간에 온전히 자기 자신 만을 위한 시간을 가진다. 독립된 공간과 시간을 마련하여 친구, 가족, 유흥, TV, 휴대전화 등으로부터 방해받지 않으려 노력한다. 그리고 그 시간과 장소에서 **목표를 정하고 그것을 매일 점검한다. 또 To-Do-List를 작성하고 그것을 꼭 실천한다.** 바로 이러한 하루의 루틴이 핵심인 것이다.

매일 아침 To-Do List를 작성하고 실천하라.

새벽 시간에 해야 할 가장 중요한 일은 바로 **To-Do List**를 작성하는 것이다. 즉 오늘 해야 할 일을 꼼꼼히 적는 것인데, 복잡하고 바쁜 영업 활동 중에 빠뜨리지 않고 과업을 수행하도록 도와주는 일종의 **루틴(Routine)**이라고 할 수 있다. 매일 새벽 To-Do List를 작성하면 업무 시간에 헤매지 않고 본인의 과업과 스케줄에 대해 주도권을 가질 수 있다. 결과적으로 시간을 효율적으로 관리할 수 있게 된다. To-Do List를 엉뚱한 일들로 채우

게 될 경우에는 시간만 낭비하게 되므로, 최대한 리스트는 영업 목표를 달성하기 위한 액션 플랜에 초점을 맞추도록 하는 것이 바람직하다.

여기서 목표를 달성하기 위한 액션 플랜을 바로 **RGA (Revenue Generating Activities)**라 한다. 즉, 매출을 일으키는 영업 활동을 말한다. 고객을 상대로 하는 아웃바운드 콜이나 이메일 발송, 고객 미팅이나 영업 파이프라인 관리, 제품 관련 블로그나 SNS 홍보 활동, 홈페이지 상품 업데이트와 온라인 홍보 이벤트 관리 등이 그것이다. 예를 들어, 과거 오프라인 매장에서 하던 매장 디스플레이 업무가 온라인 홈페이지 관리와 SNS 포스팅 업무로 변했으니 그 업무를 To-Do-List에 담아 매일 매일 실천해야 하는 것이다.

필자 역시 이러한 미라클 모닝을 몇 년째 경험하고 있다. 커피 값이 조금 들더라도 거의 매일 이른 아침마다 별다방에 가서 아메리카노 한 잔을 시킨다. 그리고 아주 짧은 독서와 함께 오늘 할 일을 메모한다. 그리고 어제 미뤘던 일들을 되새기고 보충한다. 일간, 주간, 월간 계획을 수정하고 확인한다. 필자에게 다이어리는 업무가 옳은 방향으로 향하게 하는 대시 보드(Dash Board) 역할을 하는 것 같다. 필기감 좋은 펜과 복잡하지 않은 다이어리는 미라클 모닝을 위한 최고의 도구이다. 여기에 커피 한 잔까지 곁들인다면 더할 나위 없이 좋다.

불황에도
잘나가는
사람들의
영업비밀

불황에도 잘나가는 사람들의 영업비밀

초판 1쇄 발행 2020년 3월 31일
초판 2쇄 발행 2020년 5월 29일
지은이 유장준
펴낸이 유장준
기획/편집/마케팅 유장준
교정 박진모
표지디자인 정미숙
본문디자인 김지훈
펴낸곳 그린스푼미디어
출판등록 2017년 4월 24일 제2017-000029호
주소 서울시 마포구 양화로 56, 1216호
전화 070-7847-9076
이메일 jangjune@naver.com

오탈자 발견시 이메일이나 전화로 연락바랍니다.
이 책의 내용을 무단 복제하는 것은 저작권법에 의해 금지되어 있습니다.

ISBN 979-11-960930-4-4 (13320)
값 13,000원 ⓒ그린스푼미디어 2020

이 도서의 국립중앙도서관 출판예정도서목록(CIP)은 서지정보유통지원시스템 홈페이지 (http://seoji.nl.go.kr)와 국가자료종합목록 구축시스템(http://kolis-net.nl.go.kr)에서 이용하실 수 있습니다. (CIP제어번호 : CIP2020013049)